Dennis Schmolk

Die neue Medienrevolution

Wie wir in Zukunft mit Kunden sprechen

Bachelor + Master
Publishing

Schmolk, Dennis: Die neue Medienrevolution. Wie wir in Zukunft mit Kunden sprechen,
Hamburg, Diplomica Verlag GmbH 2012
Originaltitel der Abschlussarbeit: Social Media Strategien im Verlagsmarketing: Der
Wandel des Verhältnisses von Werbung und Content, Kunden und Unternehmen

ISBN: 978-3-86341-442-9
Druck: Bachelor + Master Publishing, ein Imprint der Diplomica® Verlag GmbH,
Hamburg, 2012
Zugl. Friedrich-Alexander-Universität Erlangen-Nürnberg, Nürnberg, Deutschland,
Bachelorarbeit, Januar 2012

Bibliografische Information der Deutschen Nationalbibliothek:
Die Deutsche Nationalbibliothek verzeichnet diese Publikation in der Deutschen
Nationalbibliografie; detaillierte bibliografische Daten sind im Internet über
http://dnb.d-nb.de abrufbar.

Die digitale Ausgabe (eBook-Ausgabe) dieses Titels trägt die ISBN 978-3-86341-942-4
und kann über den Handel oder den Verlag bezogen werden.

Inhaltsverzeichnis

1 Fragestellung, Abgrenzung und Methoden

Die vorliegende Arbeit hat zum Ziel, die durch soziale Medien angestoßene Veränderung des traditionellen Verhältnisses von Content[1] und Werbung sowie den Wandel der Beziehungen zwischen Kunden und Unternehmen zu dokumentieren und zu analysieren. Dies soll insbesondere anhand ausgewählter Beispiele aus der Medienbranche (und der Buchbranche im Speziellen) erfolgen.

Hierzu soll zunächst der allgemeine Forschungsstand zum Thema Social Media Marketing vorgestellt werden, wiederum mit Schwerpunkt auf der Medien- oder, wo möglich, der Buchbranche (Kapitel 2). In Kapitel 3 wird analysiert, wie die betrachteten Verhältnisse sich gegenwärtig gestalten, wie sich etwa die Trennung von Inhalten und Werbemaßnahmen insbesondere im Marketing niederschlägt und aus welchen Überlegungen und Traditionen sie entspringt. Anschließend werden in Kapitel 4 einerseits relevante Begriffe definiert, andererseits die dieser Arbeit zugrunde liegenden Thesen vom Verhältnis von Inhalten und Werbemaßnahmen und den Rollen von Kunden und Unternehmen vorgestellt und erläutert.

In Kapitel 5 soll, ausgehend von den Inhalten der Onlinediskussion insbesondere auf den Portalen der Branchenmedien und den Veranstaltungen der Frankfurter Buchmesse 2011, betrachtet werden, welche gegenwärtigen Marketingmodelle für eine Auflösung der Abgrenzung von Content und Werbung und einen Wandel der Unternehmens-Kunden-Beziehung sprechen, wo sich dies niederschlägt und wie diese Modelle mit Inhalten und deren Produzenten und Konsumenten umgehen. Für die Beschäftigung mit einzelnen Modellen und Beispielen werden auch weitere Onlinemedien sowie Experteninterviews herangezogen.

Abschließend werden die Ergebnisse mit den Thesen abgeglichen (Kapitel 6) und eine Deutung versucht (Kapitel 7), insbesondere in Hinblick auf marketingstrategische Fragen und den akademischen Forschungsbedarf.

Die Arbeit nimmt sowohl die Kunden- wie auch die Unternehmensperspektive in den Blick, wobei auf Seiten des Kunden vor allem die Frage im Fokus steht, wie und wieso er sich an der Generierung von Content beteiligt und wie er auf welche Form von Werbestrategien reagiert. Auf Unternehmensseite ist die Frage zentral, wie sich diese Erkenntnisse nutzen

---

[1]Zu den Begriffsbestimmungen s. Kapitel 4.1.

lassen und welche Kommunikationsstrategien im Marketing den besten Erfolg versprechen. Der Fokus der Arbeit liegt auf dem Publikumsmarkt. Als Ausgangspunkt wird unterstellt, dass Kunden die Rolle der Konsumenten der von Unternehmen produzierten oder vertriebenen Inhalte übernehmen. Die Auflösung dieser klaren Kategorisierung ist Teil des zu betrachtenden Prozesses.

Die Methodik dieser Arbeit konzentriert sich im theoretischen Teil auf die Auswertung digitaler und analoger Fachliteratur und Fachwebsites. Der empirische Teil stützt sich einerseits auf die Analyse von Branchenmedien, andererseits auf Experteninterviews mit Leander Wattig, freier Medienberater, Blogger und Hochschuldozent, und Thomas Zorbach, geschäftsführender Gesellschafter der Social Media Agentur vm-people GmbH.

2 Verwendete Literatur und der aktuelle Forschungsstand zu Social Media

Beim Blick in die Literatur zum Thema Social Media Marketing, gerade in Bezug auf die Buchbranche, fällt auf, dass das Thema noch kaum beleuchtet wurde. Der Katalog der Universitätsbibliothek Erlangen-Nürnberg[2] listet zur Suchanfrage nach „Social Media Marketing" lediglich 17 Ergebnisse, von denen keines einen spezifischen Bezug zur Buchbranche aufweist. Alle Publikationen sind mit einer Ausnahme in den letzten beiden Jahren erschienen.

Auch Publikationen von Akademikern zum Thema haben häufig ausgeprägten Ratgebercharakter, so etwa das Buch „Social Media Marketing. Analyse, Strategie, Konzeption, Umsetzung"[3] des Professors für Digitale Medien an der Dualen Hochschule in Mannheim, Gerald Lembke. Aus dem Klappentext:

> Das Buch informiert Führungskräfte, Mitarbeiter im Marketing und insbesondere Social-Media-Verantwortliche über Analyse, Strategie, Konzeption und Umsetzung. Es zeigt Wege zum erfolgreichen *Marketing Boosting*. Zugleich ist es als Lehr- und Arbeitsbuch mit Reflexionsfragen und Aufgaben konzipiert.

Insbesondere in Hinblick auf die Buchbranche lassen sich aktuelle Fallbeispiele und Überlegungen besser aus Online-Medien entnehmen, z.B. dem dizidiert dem Social Media Marketing für Medienunternehmen gewidmeten Weblog von Leander Wattig[4] und den einschlägigen Branchenmagazinen Börsenblatt, Buchmarkt und Buchreport[5]. Für eine umfassendere Theorieentwicklung sind Fachmagazine natürlich wenig geeignet. Hier besteht folglich noch Nachholbedarf.

Eine wichtige Rolle bei den Überlegungen in dieser Arbeit wird das Buch „Facebook, YouTube, Xing und Co. Gewinnen mit Social Technologies"[6] spielen. Der Titel dieses Buches wurde vom deutschen Verlag Hanser meines Erachtens eher unglücklich gewählt — denn nicht die (sich schnell wandelnden und veraltenden) Technologien und Plattformen stehen im

---

[2] Katalog der Universitätsbibliothek Erlangen-Nürnberg (2011), Stand vom 19.12.2011.
[3] Lembke (2011).
[4] Wattig (2006).
[5] S. hierzu Kapitel 5.1.
[6] Bernoff u. Li (2009).

Fokus, sondern der „Groundswell", „[a] social trend in which people use technologies to get the things they need from each other, rather than from traditional institutions like corporations", so der Klappentext des Originals. Das Buch widmet sich – ebenfalls unter eher praktischen Gesichtspunkten, aber ein einheitliches Phänomen unterstellend und analysierend – dem Wandel im Nutzer- und Kundenverhalten durch soziale Medien.

Für die Grundbegriffe und -theorien des Marketing wird die siebte Auflage des Buchs „Marketing" von Franz Böcker und Roland Helm[7] verwendet.

---

[7]Böcker u. Helm (2003).

3 Das klassische Verhältnis von Werbung und Content, Kunden und Unternehmen

Dieses Kapitel versucht, in gebotener Kürze, einen Ausgangspunkt zu definieren, der den im Folgenden aufgestellten Thesen zugrunde liegt. Diese Definition hat dabei Thesencharakter, denn es ist selbst in der Retrospektive nur mit großem Aufwand und mit mehr Raum, als er hier zur Verfügung steht, auszumachen, wo Werbung aufhört und der Inhalt anfängt und wo diese Kategorien schon immer verschmolzen. Inhalte sind und waren nie inhaltslos zu bewerben.

3.1 Der Dualismus von Produkt und Werbung

Es wird in der verlegerischen Praxis – etwa durch die betriebliche Trennung von Lektorat bzw. Redaktion einerseits und einer Werbeabteilung andererseits – eine Trennung von Produkton und Werbung vorgenommen. Dabei steht das Denkschema im Vordergrund, dass es ein zu bewerbendes Produkt getrennt von Werbemaßnahmen für dieses Produkt gebe.

Das klassische Marketing umfasst zwar auch die Produktpolitik, diese befasst sich aber vor allem mit der technischen Realisierung des Produkts und steht getrennt von Werbemaßnahmen.[8]

3.2 Die journalistische Abgrenzung von Werbung und Content im Printbereich

Der klassische Content eines Verlagsprodukts, etwa einer Zeitung oder Zeitschrift, steht in der Produktpolitik streng abgegrenzt gegenüber der Werbung, die häufig eine Haupteinnahmequelle des Printprodukts darstellt. Anzeigen werden als solche gekennzeichnet. Erfolgt diese Kennzeichnung nicht, spricht man von Schleichwerbung, die zwar regelmäßig praktiziert wird, allerdings geächtet wird.[9] Daher spricht auch das Phänomen der Schleichwerbung dafür, dass die Trennung von Werbung und Inhalten in der vorherrschenden Meinung dominant ist.

---

[8]Vgl. Böcker u. Helm (2003), S. 249–255.
[9]Vgl. ebd., S. 421f.

Diese Trennung setzt sich auch im Digitalen fort, etwa beim Content-Ad-Angebot „Google AdSense", wo die unklare Abgrenzung von Inhalt und Werbung gegen die Nutzungsbedingungen verstößt und mit Ausschluss aus dem Programm sanktioniert werden kann.[10]

3.3 Produzenten- und Konsumentenrollen

Es wird klassisch davon ausgegangen, dass dem Kunden bzw. Nutzer eine einseitig konsumierende Rolle im Umgang mit dem Content des Unternehmens zukommt. Die Möglichkeit, den Kunden auch als aktiven Partizipanten an der Erstellung des Contents zu begreifen, wird ausgeklammert; seine aktive Beteiligung ist weder gewünscht noch vorgesehen, sieht man von einfachen Feedback-Mechanismen wie Leserbriefen und Kommentaren ab. Das Unternehmen produziert Inhalte, die dann vom Konsumenten rezipiert werden.

3.4 Klassische einseitige Kommunikationsstrategien

Die Kommunikation mit dem Kunden verläuft einseitig über massenmediale Kanäle wie Print, Funk und Fernsehen oder – in digitalen Medien – über Anzeigen auf Websites.[11]

Dies hängt ebenfalls mit der Rollenverteilung zusammen: Der (potenzielle bzw. zu gewinnende) Kunde wird vom Unternehmen über dessen Produkte informiert und zum Kauf motiviert. Es findet kein Dialog statt, was über die erwähnten Kanäle auch nur schwer bzw. über Umwege zu bewerkstelligen ist.

Rückmeldungen werden nicht im Dialog mit dem Kunden eingeholt, höchstens vermittelt durch Marktforschungsinstrumente. Kennzahl für den Erfolg einer Kampagne etwa ist die Zahl der Werbeträgerkontakte bzw. Kontaktwahrscheinlichkeiten, wobei Kontakt hier bedeutet, dass ein Rezipient mit dem Werbemittel in Kontakt kommt (und dieses eventuell wahrnimmt).[12]

---

[10]Vgl. Illegale Formulierungen zur Abgrenzung von Inhalt und Werbung (2011).
[11]Vgl. Böcker u. Helm (2003), S. 419f.
[12]Ebd., S. 435–440.

4 Begriffsbestimmungen und Grundthesen der Arbeit

4.1 Begriffsbestimmungen

In diesem Abschnitt werden relevante (und in dieser Arbeit bereits teilweise verwendete) Begriffe bestimmt und definiert. Wo dies möglich ist, wird Fachliteratur zitiert; gerade bei neueren und nur teilweise im akademischen Diskurs angekommenen Begriffen wird eine vorläufige Arbeitsdefinition angeboten, die zunächst nur für den Rahmen dieser Arbeit gilt.

4.1.1 Marketing und Werbung

Unter *Marketing* wird die Gesamtheit aller Instrumente eines Unternehmens verstanden, die dem Absatz seines Angebots dienen:

> Unter *Absatzpolitik* bzw. *Marketing* werden im Folgenden alle Entscheidungen, die primär die aktive Gestaltung der Absatzbedingungen eines Unternehmens zum Gegenstand haben, und deren Realisation verstanden. Die American Marketing Association definiert es als ,the process of planning and executing the conception, pricing, promotion and distribution of ideas, goods, and services to create exchanges that satisfy individuals, organizations, and society'.[13]

Werbung stellt einen kommunikationspolitischen Teil des Marketing dar.[14] Die klassische Form der Werbung ist die Mediawerbung, „der bewusste Versuch [...], Menschen mit Hilfe spezifischer Kommunikationsmittel (Werbemedia) zu einem bestimmten, unternehmenspolitischen Zwe-cken dienenden Verhalten zu bewegen"[15].

Als Social Media Marketing werden im Folgenden sämtliche Bemühungen bezeichnet, die o.g. Marketingagenda mit Hilfe digitaler, netzbasierter, sozialer Medien zu verwirklichen versuchen. Ein Medium wird dann als sozial bezeichnet, wenn es eher auf den Aufbau eines tendenziell gleichberechtigten Dialogs abzielt als auf hierarchische, einseitige Information.

Soziale Medien sind z.B. Social Networks wie Facebook, Weblogs gegenüber statischen Websites, Microblogging-Dienste wie Twitter, kollaborative

---

[13]Böcker u. Helm (2003), S. 7.
[14]Vgl. ebd., S. 415.
[15]Ebd., S. 419.

Wikis und Webforen.[16] Newsletter-Werbung und nicht-partizipative Unternehmenswebsites fallen somit nicht unter diesen Begriff des Social Media Marketing. Sie stellen lediglich Instrumente eines Online-Marketing dar, das sich traditioneller Kommunikationsformen bedient.

4.1.2 Content und Inhalt

Content bzw. *Inhalt* – die Begriffe werden im Folgenden synonym verwendet – bezeichnet sämtliche publizierten Informationen, die für den Rezipienten von inhaltlichem Interesse sind. Abgegrenzt wird er insbesondere von Werbeanzeigen:

> Unter den Bedingungen der Netzökonomie wird damit eine alte Diskussion über den instrumentellen Charakter der journalistischen Arbeit für den ökonomischen Absatz von Medien neu belebt. Es war der Nationalökonom Karl Bücher, der bereits 1926 mit Blick auf die damalige Zeitungslandschaft eine für Journalisten bis heute höchst provozierende Position formulierte: ‚Die Zeitung hat jetzt den Charakter einer Unternehmung, welche Anzeigenraum als Ware produziert, die nur durch den redaktionellen Raum absetzbar wird.'
>
> Heute geht die Diskussion weiter, wenn journalistische Inhalte im Umfeld von E-Commerce, also dem Verkauf von Produkten und Dienstleistungen im Netz, positioniert werden.[17]

Diese auf den Journalismus bzw. journalistische (redaktionelle) Inhalte abzielende Unterscheidung wird im Rahmen dieser Arbeit auf andere Inhalte übertragen. In klassischen Medien diente der Content der Verbreitung, während der Anzeigenraum die Finanzierung besorgte.

4.1.3 User, Nutzer, Kunde, User Generated Content und Fan-Fiction

Die Begriffe User, Nutzer und Kunde werden weitgehend synonym verwendet. *Kunde* ist hierbei eher rezeptiv-konsumierend und ökonomisch konnotiert, *User* und *Nutzer* implizieren bereits eine gewisse Partizipation und entstammen dem Bereich der IT.

Die Begriffsfindung steht im Bereich des Social Media Marketing und der damit verbundenen Instrumente noch am Anfang. In der operativen

---

[16]Vgl. Koch u. Pfeiffer (2011), S. 18f.
[17]Mast (2003), S. 3.

wie auch in der akademischen Betrachtung finden sich zunehmend künstlich geschaffene Begriffe wie *Prosumer*[18] oder *Erleber*[19], die das Problem beheben sollen, dass gerade die Termini *Kunde* und *Nutzer* zu eindimensional als rezeptiv wahrgenommen werden.

User Generated Content bezeichnet Inhalte, die von einzelnen Personen oder Personengruppen produziert werden, denen traditionell eher eine konsumierende Rolle zukommt, den Usern (Nutzern). Es handelt sich dabei um Inhalte in verschiedenen medialen Formen, etwa Texte, Videos, Bilder und Tondateien, die online ausgetauscht oder veröffentlicht werden und sich stark auf ähnliche Produkte anderer Nutzer beziehen.[20]

Im Zusammenhang mit User Generated Content bezeichnet der Begriff *Fan-Fiction* im Folgenden Inhalte, die einem spezifischen Erzählkosmos zugeordnet werden können, jedoch durch Personen erstellt werden, die ursprünglich reine Konsumenten dieser Erlebniswelt waren. Diese Konsumenten wurden nicht durch die Rechteinhaber, Urheber oder Schöpfer dieses Kosmos beauftragt oder auch nur ermutigt, sich an der Erzählwelt zu beteiligen.

4.1.4 Transmedia Storytelling und Alternate Reality Games

Der Begriff *Transmedia Storytelling* wurde populär durch einen Artikel gleichen Namens, den Henry Jenkins 2003 in technology review publizierte.[21] Er schildert darin seine Vision von gutem transmedialem Erzählen:

> In the ideal form of transmedia storytelling, each medium does what it does best – so that a story might be introduced in a film, expanded through television, novels, and comics, and its world might be explored and experienced through game play. Each franchise entry needs to be self-contained enough to enable autonomous consumption. That is, you don't need to have seen the film to enjoy the game and vice-versa.

Es geht also um einzeln konsumierbare mediale Inhalte, die zusammengenommen eine Art Erlebniswelt bilden.

Ein zentrales und in dieser Arbeit mehrfach angesprochenes Werkzeug des transmedialen Erzählens ist das *Alternate Reality Game* (ARG). Hierbei

---

[18]University of Maryland (2009).
[19]Vgl. Interview mit Thomas Zorbach (2011).
[20]Vgl. Bernoff u. Li (2009), S. 25–27.
[21]Jenkins (2003).

handelt es sich um eine Form des Storytelling, also des Erzählens einer Geschichte,

> through narrative elements that are distributed across various platforms. [...] Game play involves players working collaboratively through email, phone/ sms contact, real-time interactions and extensive online engagement. Players generally react to narrative cues that are projected across numerous forms of media. These include media technologies that are not traditionally associated with games that, unlike ARGs, rely on a single platform for communication (eg console games). In doing so, ARGs make players step outside the restrictions of mono-genre game boundaries.[22]

4.2 Vier Thesen

Die folgenden vier Thesen entstanden bei den Vorrecherchen und den Überlegungen zur Themenfindung und bei der Konzeption dieser Arbeit. Sie fassen die medialen Trends und deren (Branchen-)Diskussion in den letzten Monate zusammen und wurden nicht direkt aus anderen Quellen übernommen.

Auf den Nachweis des Vorkommens der Thesen in der Literatur wird weitgehend verzichtet. An dieser Stelle soll ebenfalls noch kein Schwerpunkt darauf gelegt werden, ihre Richtigkeit zu beweisen oder sie zu belegen – diese Aufgabe ist dem Kapitel 5 vorbehalten. Beispiele und Zitate sollen lediglich ihre Aktualität demonstrieren. Alle nicht belegten Aussagen haben Behauptungscharakter.

4.2.1 Nutzer wollen an Produktion und Distribution von Inhalten aktiv partizipieren

Das Bild des einseitig produzierenden und seine Produkte bewerbenden Unternehmens und des einseitig konsumierenden und von der Werbung informierten Kunden ist – jedenfalls für das Online-Marketing von Content – veraltet. Nutzer wollen an der Produktion, der Weiterentwicklung und der Distribution von Inhalten teilhaben.

Hierbei werden vermutlich nicht alle Rezipienten von Online-Botschaften gleichermaßen aktiv – es kann vermutet werden, dass Jakob Nielsens 90-9-1-Regel[23] gilt: „In most online communities, 90% of users are lurkers who

---

[22]What is an ARG? (2008).
[23]Vgl. Nielsen (2006).

never contribute, 9% of users contribute a little, and 1% of users account for almost all the action."

Die große Masse der (potenziellen) Kunden könnte also weiterhin hauptsächlich passiv konsumieren. Dies widerspricht aber keineswegs der These: Die verbleibenden zehn Prozent der Nutzer bergen großes Potenzial, da sie (für Unternehmen kostenfrei bzw. kostengünstig je nach Aufwand der Betreuung und der Initialisierung) die neunzig Prozent unterhalten und der Gesamtmasse der Nutzer weitere Personen hinzufügen können. Die zehn aktiven Prozent sind häufig gut vernetzt, sachlich kompetent und haben Einfluss auf ihr Netzwerk. Sie stellen daher exzellente Multiplikatoren[24] der zu verbreitenden Botschaft dar.

Aber sie sind auch Prosumer: Sie fühlen sich eng mit dem Unternehmen oder dessen Produkten verbunden und wollen Einfluss auf diese üben. Sie wollen nicht einseitig informiert werden, sondern mindestens in einen hierarchiearmen Dialog treten – und sie sind, wie Bernoff und Li analysieren, nicht einfach zu ignorieren:

> Tatsache ist aber [...], dass Ihre Kunden darauf brennen, Ihnen zu sagen, was Sie tun sollen. Sie schimpfen in Foren über Ihre Produkte und loben sie, sie bewerten und besprechen sie auf Websites. Sie bloggen über sie, machen Videos und analysieren jede Ihrer Bewegungen. Sie sind jetzt Bestandteil Ihres Prozesses, ob Sie nun dafür bereit sind oder nicht – sie schauen Ihren Managern über die Schulter.[25]

Zum vergeudeten Potenzial tritt also hinzu, dass Ignoranz gegenüber den relevanten Nutzern zu schlechter Publicity führen kann – bis hin zum sogenannten Shitstorm[26], der massenhaften und (mindestens partiell) unsachlichen negativen Meinungsäußerung zu einem Unternehmen oder einer Person.

Der grundlegende Denkfehler auf Seiten der Unternehmen besteht darin, dass sie eine falsche bzw. nicht mehr zeitgemäße Vorstellung davon haben, wie erstens das Verhältnis zu ihren Nutzern, und zweitens, wie jenes zwischen ihren Produkten (im Falle der Verlage: ihres Contents) und ihrer Werbung aussieht. Beides wird als strikt getrennt gehandhabt: Die Nutzer sind für sie Abnehmer ihrer Bücher (und neuerdings ihrer Software, Apps,

---

[24]Vgl. hierzu Böcker u. Helm (2003), S. 185–188.
[25]Bernoff u. Li (2009), S. 199.
[26]Vgl. Koch u. Pfeiffer (2011), S. 236.

Hörbücher etc.), keine Teilhaber, und ihre Werbung ist ein einseitiger Informationsvorgang der Nutzer über ihre Produkte. Diese Werbung ist zudem häufig langweilig und motiviert die Nutzer nicht, sie weiterzuverbreiten. All dies hält die Kunden davon ab, ihren eigenen Content einzubringen und am Content des Unternehmens aktiv zu partizipieren.

Sobald Verlage umdenken und sich auf ihre Nutzer als Prosumer und Teilnehmer einlassen, steht die Nutzermotivation im Vordergrund. Es müssen gut vernetzte und einflussreiche Multiplikatoren gewonnen werden, die die Inhalte auf kreative Weise verbreiten und weitere Nutzer als Teile des Prozesses gewinnen, einen „Viral Loop" aufbauen:

> Der Viral Loop bezeichnet das Phänomen der Weiterverbreitung von Inhalten, Instrumenten oder Webseiten im sozialen Netz. Daraus entstanden ist der virale Faktor, der sich mit der Formel N x P1 x P2 errechnen lässt.
>
> - N ist die durchschnittliche Anzahl bestehender Nutzer, die Inhalte an ihr Netzwerk weiterleiten.
> - P1 ist der Anteil des Netzwerks, die dieser Einladung nachkommen [sic].
> - P2 ist der entscheidende Anteil aus P1 und beinhaltet die Nutzer, die die ursprünglichen Inhalte selbst streuen.
> - Die Nutzergruppe P2 wird zur [neuen] Nutzergruppe N. [...][27]

Eine Möglichkeit der Nutzermotivation ist der Einsatz von Gamification-Elementen – die beste Motivation liefert aber unterhaltsamer Content.

4.2.2 Marketingstrategien müssen unterhaltsamen Content bieten

Online-Werbung und klassische Werbung unterscheiden sich. Klassische Werbung versucht, den Nutzer mit Hilfe objektiver Information und subjektiver Motivation (etwa durch emotionale Bindung an ein Produkt, eine Marke oder ein Kaufverhalten) dazu zu bringen, im Sinne der Unternehmensziele zu agieren. Die Kanäle klassischer Werbung sind definiert und lassen sich im Rahmen von Kampagnen kaufen (etwa Sendezeit oder verbreitungsstarker, attraktiver Anzeigenplatz).[28] Im Rahmen von Social Media Marketing hingegen basiert Werbung darauf, hohe und qualitativ hochwertige Verbreitung unabhängig von direkten Investitionen zu erreichen.

---

[27] Ebd., S. 216.
[28] Vgl. Böcker u. Helm (2003), S. 419–422.

15

Dies lässt sich am leichtesten umsetzen, indem Unternehmen in den relevanten Netzwerken Multiplikatoren ausmachen und für sich einnehmen. Hierfür benötigen sie interessante, die Nutzer unterhaltende Inhalte, die eine Werbefunktion erfüllen – die Werbung nimmt also immer stärkeren Content-Charakter an.

Die Überlegungen etwa zur „Währung Aufmerksamkeit"[29] machen deutlich, dass wir es gerade beim Publikumsmarkt für Bücher mit einem Nachfragemarkt zu tun haben: Die Nutzer haben die dominante Marktstellung inne, da sie ihre Aufmerksamkeit frei auf ein Überangebot von Inhalten verteilen können. Die Unternehmen konkurrieren folglich um diese Aufmerksamkeit, stehen aber vor dem Problem, sie nicht durch herkömmliche und häufig langweilige Werbekampagnen erringen zu können.

Generell verlassen sich Nutzer eher auf ihre Bezugsgruppen und deren Erfahrungswerte als auf die (zu Recht) für befangen befundenen Aussagen von Unternehmen. Zudem individualisieren sich Nutzer stärker und schätzen Aussagen von Freunden[30] oder Personen mit gleichen Interessen als zuverlässiger ein als klassische, anonyme Werbung. Positive Nutzerberichte und (digitale) Mundpropaganda – im Falle von Verlagen etwa Rezensionen oder allgemeine Aussagen zum Unternehmen – sind also besser geeignet, um Aufmerksamkeit zu generieren.

> Heute konkurrieren so viele Produkte um die Aufmerksamkeit der Leute, dass es nicht mehr annähernd so effektiv wie früher ist, sie anzuschreien [ihnen Botschaften wiederholt und mit Nachdruck vermitteln zu wollen, Anm. d. A.]. [...] Sobald die Leute sich [des] Produkts [eines Unternehmens] bewusst geworden sind, setzt eine neue Dynamik ein: Sie lernen *voneinander*. Die sozialen Technologien haben diese Dynamik der Mundpropaganda auf Touren gebracht, sie haben den Einfluss der Konsumenten erhöht und den Wert des traditionellen Marketing verwässert.[31]

Hohe Verbreitung erreichen regelmäßig virale Video-Clips[32] oder Community-Angebote, die den Nutzern erlauben, sich miteinander und mit den Entwicklern ihres favorisierten Contents zu vernetzen und auszutauschen und dabei Einfluss auf neue Produkte zu üben – egal, ob es sich dabei

---

[29]Vgl. Franck (1996).

[30]Die höchste Glaubwürdigkeit haben hierbei laut einer Studie von ECIN.de Personen, die der Nutzer auch im nichtdigitalen Leben kennt. Vgl. Reale Freunde online (2010).

[31]Bernoff u. Li (2009), S. 113f.

[32]S. Kapitel 5.2.

um Fan-Fiction, also User Generated Content, oder „offizielle" Inhalte handelt.[33]

Virale Inhalte werden nicht wegen einer Bindung an das dahinterstehende Produkt oder die Marke verbreitet, sondern weil sie selbst unterhaltsam sind. Witzige und vor allem kurze Videos, die auf Plattformen wie Youtube veröffentlicht werden, kostenlose Browsergames oder unterhaltsame Apps für Smartphones werden von Usern „geshared"[34], weil sie den Inhalt schätzen und sich darüber mit ihren Freunden und Gleichgesinnten unterhalten wollen.

Für die Verlagswerbung folgt daraus, dass auch sie unterhaltsamer Content werden muss. Buchtrailer beispielsweise erringen nur dann eine gute Stellung auf dem Nachfragemarkt der Aufmerksamkeit, wenn sie um ihrer selbst willen verbreitet werden. Content-Marketing wird künftig in steigendem Maß bedeuten, Geschichten zu erzählen und die (potenziellen) Kunden zu unterhalten.

> Kunden im Mittelteil [des klassischen Marketingtrichters] führen Gespräche in Blogs, Diskussionsforen und sozialen Netzwerken. Ihr Unternehmen kann sich daran beteiligen, aber Schreien wird nicht funktionieren. Gespräche sind angesagt. [...] Diese Gespräche erfordern Arbeit, aber sie beeinflussen die Leute im Mittelteil des Trichters tatsächlich – und zwar nicht nur diejenigen, die selbst Kommentare schreiben, sondern auch alle, die sie lesen.[35]

4.2.3 Es zahlt sich für Verlage aus, Content kostenfrei zu verteilen und User Generated Content zu fördern

Das Hauptgeschäftsfeld von Verlagen besteht im kostenpflichtigen Vertrieb von Content. Dieser lässt sich noch immer traditionell abwickeln, unterstützt vielleicht durch eine herkömmliche Website, ein Blog oder einen Auftritt in einem sozialen Netzwerk. Diese Herangehensweise ignoriert aber – jedenfalls im Publikumsmarkt – Potenzial.

Letztlich und langfristig betrachtet steht freilich jede Marketingmaßnahme in Diensten einer Umsatz- oder Gewinnsteigerung. Zu kurzfristiges Denken steht dem jedoch im Wege – etwa, wenn Gespräche unter Nutzern

---

[33]Zu denken wäre hier etwa an die Gaming-Industrie und ihre exzellent ausgebaute Forenstruktur.

[34]D.h., über Social Media Kanäle an andere Nutzer geschickt.

[35]Bernoff u. Li (2009), S. 114.

nicht gefördert werden, weil Unternehmen zu geizig mit ihren Produkten umgehen.

Dies ist bei vielen Unternehmen verständlich, etwa bei teuren elektronischen und technischen Geräten. Diese werden – wenn überhaupt – nur an wenige, sehr einflussreiche Multiplikatoren verteilt.

Anders stellt sich die Situation im Verlagsbuchhandel dar: Das physische Produkt kostet nicht viel, der Vertrieb einer digitalen Kopie so gut wie nichts. Daher tun Verlage gut daran, Gepräche anzuregen, indem sie ihren Content teilweise kostenfrei zugänglich machen und etwa Buchkopien für Rezensionsportale (und nicht mehr nur für die klassischen Rezensenten von Zeitungen und etablierten Portalen) zur Verfügung stellen.

Leseproben helfen in diesem Zusammenhang nur bedingt weiter: Sie erreichen häufig nur bereits Interessierte, die eine letzte Kaufentscheidung fällen wollen. Vielen Nutzern ist ihre Aufmerksamkeit zu schade, sie auf ein unvollständiges Stück Content zu richten. So wertvoll und unverzichtbar Leseproben, Technologien wie Amazons „Search Inside"[36] und Textauszüge sind – sich auf sie als Mittel des Social-Media-Marketing zu konzentrieren, offenbart einen Denkfehler.

Diese Modelle gehen davon aus, dass die Kunden bereitwillig die Wünsche des Unternehmens nach besserem Absatz und höherer Verbreitung erfüllen – wohingegen eigentlich das Unternehmen den Wunsch der Kunden nach Unterhaltung erfüllen muss. Stärker gesprächsanregend als kleine, den Nutzer frustrierende Content-Häppchen wirken abgeschlossene Inhalte. Zwar können Leseproben den individuellen Leser neugierig machen (vorausgesetzt, dass er sie überhaupt rezipiert), und ihn bei ausreichendem Interesse zum Erwerb des ganzen Produkts bringen, jedoch bieten sie nur selten Gesprächsstoff für Online-Diskussionen – von hochmotivierten und -spezialisierten Communities abgesehen. Besser eignet sich vollwertiger Content – z.B. eine im Buch selbst nur angeschnittene Storyline, die in einem Video, einem Text oder einem ARG ausgebaut wird.

Die Inhaltsproduktion durch Kunden stößt auf andere Probleme: Der Rollenspielverlag Ulisses Medien & Spiel Distribution GmbH zog im Sommer 2011 den Unmut einer (vermutlich nicht repräsentativen) Menge seiner Kunden auf sich, als das Unternehmen ankündigte, neue, restriktivere Richtlinien für von seinen Kunden erstellten Content zu erlassen und darin

---

[36] Amazon.com Search Inside (2011).

den eigenen Markenschutz zu forcieren. Dies führte u.a. zu einer Beschwerdewelle in Foren und Blogs sowie zur Gründung eines eigenen, Ulisses gegenüber zeitweise sehr negativ eingestellten Weblogs, in dessen Archiven[37] sich die Auseinandersetzung verfolgen lässt. Einige Kunden, die sich selbst als „Fans" verstehen (und damit eine hohe Markenbindung jedenfalls an das hauptsächlich vertriebene Produkt „Das Schwarze Auge" aufwei kündigten an, auch aufgrund sehr einseitig verlaufender Information durch das Unternehmen und mangelnde Dialogbereitschaft, dessen Produkte vorerst zu boykottieren.

Eventuelle wirtschaftliche Folgen für Ulisses sind bislang nicht an die Öffentlichkeit gedrungen und die letztlich veröffentlichten Richtlinien schränken User Generated Content nur partiell ein. Vermutlich hätte der Verlag jedoch besser daran getan, sich von Anfang an auf den Wunsch der Nutzer, Inhalte zu produzieren, einzulassen, diese zu fördern und den Nutzern den entsprechenden Freiraum zu gewähren. User Generated Content ist für Unternehmen kostenlose Werbung und unter Umständen auch eine Bereicherung der eigenen Produktpalette.

Richtlinien, wie sie Ulisses erließ, sind dennoch insgesamt sehr sinnvoll, da sie eines der Hauptprobleme bei der Produktion von User Generated Content lösen: Rechtsunsicherheit. Diese schränkt User Generated Content wie Fanfiction, Remixes und Mashups ein, obwohl hier ein bedeutsamer Werbeeffekt liegen könnte. Denn die „Prosumenten" verwerten zwar Inhalte, aber deren Urheber erhalten ihren Anteil an der Aufmerksamkeit anderer Nutzer:

> Das Teilen und Verbreiten von Inhalten, selbst wenn es unautorisiert erfolgt, wird als vollkommen normal akzeptiert. Gleichzeitig gibt es kaum etwas schlimmerers, etwas das in den gleichen Kreisen stärker sanktioniert wird, als Inhalte von anderen als von einem selbst auszugeben oder anderweitig mit einem falschen Label zu versehen. [...]
>
> Das keine zusätzlichen Kosten verursachende Weiterverbreiten von Inhalten wird als ok angesehen. Aber es ist extrem wichtig, dass der Urheber richtig genannt wird. Nur so kann die Aufmerksamkeit ihm entsprechend zufliesen [sic].[38]

---

[37]Vgl. Fan-Blog Gotongi (2011), Archiv Juli 2011.
[38]Weiss (2011).

Zusammengefasst besagt diese These: Es zahlt sich für Verlage aus, ihren Kunden mehr Freiheit zu gewähren, Content kostenfrei zur Verfügung zu stellen und von Nutzern generierte Inhalte zu fördern und zu nutzen.

4.2.4 Die klassischen Kategorien „Werbung" und „Content" sind nicht mehr klar zu trennen

Aus den drei vorangehenden Thesen resultiert erstens, dass sich das Verhältnis von Kunde und Unternehmen grundlegend ändert und Content-Distributoren gut daran tun, sich darauf einzustellen und darauf einzugehen, und zweitens, dass auch das Denken in den klassischen Kategorien „zu bewerbende Inhalte" einerseits und „den Inhalt verkaufende Werbung" andererseits nicht mehr zeitgemäß ist.

Während Verlage auf klassische Anzeigenwerbung nicht werden verzichten können, etablieren sich andere Kanäle, in denen das „Anschreien"[39] der Kunden nicht mehr funktioniert und es eine latente Abneigung gegen offenkundige Werbung gibt. Hier setzen sich nur Strategien durch, die den Kunden mit für ihn unterhaltsamen Inhalten ansprechen.

Analog hierzu erfüllt der Content selbst immer stärker die Funktion von Werbung: Kunden vernetzen sich und die bloße Qualität von Inhalten sorgt für eine Art digitale Mundpropaganda, die ihn bewirbt. Die Produktentwicklung – also die Entwicklung von Inhalten – muss berücksichtigen, dass sie Content auch aufgrund seiner Werbefunktion erstellt und nicht mehr nur einen abgeschlossenen Inhalt produziert, dessen Vermarktung dann andere Abteilungen übernehmen.

---

[39]S. Kapitel 4.2.2.

5 Empirisch existente Modelle

In diesem Abschnitt der Arbeit geht es um die empirisch existenten Modelle im Marketing und in marketingnahen Unternehmensbereichen, die auf die postulierten Thesen reagieren und diese somit belegen.

Eine zentrale Rolle hierbei spielt der Entwicklungsprozess hin zu partizipativen Modellen, die Nutzer einbinden, von ihnen erstellten Content sowie ihre Netzwerke nutzen und dabei erfolgreich sind oder Erfolg versprechen.

Als Datenbasis werden einerseits die einschlägige Fachpresse und die Programme von Branchenveranstaltungen ausgewertet, andererseits die Interviews mit Thomas Zorbach und Leander Wattig herangezogen.

5.1 Präsenz neuer Marketingmodelle und -ideen in der Onlinediskussion und auf der FBM 2011

Auf der Frankfurter Buchmesse (FBM) 2011 vom 12.–16.10.2011 fanden sich im Programm[40] diverse Veranstaltungen, die sich dem Marketing widmeten, schwerpunktmäßig der Produkt- und der Werbepolitik. Auffallend präsent waren hierbei Medienkonvergenzen und Ausflüge in andere als Printmedien, etwa mit mehreren Veranstaltungen zu eBooks, die mit zusätzlichen medialen Inhalten angereichert werden, sog. Enhanced eBooks.

In Enhanced eBooks werden u.a. Videos, Webseiten, Tondokumente und animierte Graphiken verwendet. Nicht immer ist der Content redaktionell erstellt, er umfasst auch User Generated Content, wie Thomas Zorbach im Interview ausführt.[41]

Auf dem Frankfurt Sparks Storydrive, einer Konferenz für cross- und transmediale Geschäftsideen, fanden Veranstaltungen etwa zu *Tomorrow's Storytaylors: Wie Geschichten in Zukunft erzählt werden*, Transmedia Storytelling, *Pimp my Story: Mrs. Book trifft Mr. Games*, Gamification und Enhanced eBooks statt.[42]

---

[40]Vgl. Programm der Frankfurter Buchmesse (2011).

[41]Vgl. Interview mit Thomas Zorbach (2011). Folgende Verweise auf Aussagen Thomas Zorbachs sind, sofern nicht anders gekennzeichnet, ebenfalls diesem Interview entnommen.

[42]Vgl. Programm der Konferenz Frankfurt Sparks Storydrive (2011).

Zur Veranstaltung *Transmedia Storytelling – Bitte was?* von Thomas Zorbach und Amos (Alexander Maximilian Otto Serrano) der Marketingagentur vm-people fasst das Programm zusammen:

> Geschichtenerzählen macht einen Großteil der Buchbranche aus. Doch der Kunde von morgen fragt längst nach interaktiven Stoffen, die ihn multimedial fordern. Transmedia Storytelling bedient neben dem Buch auch Videospiele und transportiert ins Social Web. Welche Kenntnisse gefragt sind, um diese Herausforderung annehmen zu können, klärt diese Veranstaltung.[43]

Weitere Schwerpunkte des Messeprogramms lagen auf Social Media Marketing und dessen Weiterentwicklung (etwa die Diskussionsrunden *Rezepte für den Netz-Erfolg: Kochbuchmarketing mit sozialen Netzwerken* und *Social Media – Vom Marketingtool zur Erlösquelle?*) sowie auf Marketing- und Werbemaßnahmen außerhalb der gewohnten Printkampagnen (etwa *Ideen in bewegten Bildern – Online-Video-Kommunikation für Verlage*).

Sämtliche dieser Themen waren auch in der Branchendiskussion des Jahres 2011 präsent, hier zitiert anhand der Onlineausgaben der Branchenorgane Börsenblatt, Buchmarkt und Buchreport. Boersenblatt.net fand zum 29.12.2011 insgesamt 179 Beiträge zur Sucheingabe „Social Media", der Buchreport 176 und der Buchmarkt 125.

Bei der Mehrzahl dieser Beiträge steht, ähnlich wie bei der Fachliteratur zum Thema Social Media Marketing[44], der beratende Charakter der Meldungen und Kommentare im Vordergrund. Markus Pfeffer kommentiert etwa am 3.3.2011 in seinem Artikel „Freunde und Follower":

> Wenn sich zwei Menschen schon über ein Produkt unterhalten, wieso sollten sich die Anbieter dieses Produkts nicht am Gespräch beteiligen? Als Buchhändler haben wir das doch sowieso schon immer getan: Die Gespräche mit Kunden sind längst nicht nur simples Empfehlungsmarketing – Buchhandlungen sind auch Orte politischer oder kultureller Diskussion.
>
> Geschickt eingesetztes Social Media Marketing ist daher mehr als nur zielgruppenorientierte Werbung oder die Bereitstellung eines Tummelplatzes für Digital Natives. Es ist die Verlagerung des Kundengesprächs ins Internet, wo Websites bisher, analog zu papierenen Kundenmagazinen oder Flyern, nur einseitige Kommunikation zuließen.[45]

---

[43]Vgl. Programm der Frankfurter Buchmesse (2011).
[44]S. Kapitel 2.
[45]Pfeffer (2011).

Die Akademie des Deutschen Buchhandels[46] veranstaltete im November 2011 eine Konferenz zum Thema Social Media. Zentrale Themen waren die großen Netzwerke („Facebook, Google+, Xing, LinkedIN, VZnet"[47] – auffällig ist hier das Fehlen von Twitter), die Entwicklungsmöglichkeiten von Social Media vom Marketing- zum Businessmodell, Leservernetzung und Rechtsfragen.

Die Berater Leander Wattig und Carsten Raimann haben im Jahr 2011 zum ersten Mal den „Virenschleuderpreis"[48] ausgelobt und verliehen, der in mehreren Kategorien Aktionen des Social Media Marketing bewertet.

Als Marketinginstrument ist Social Media also sehr präsent, sowohl auf den Veranstaltungen wie auch in den Medien der Branche. Zudem setzt allmählich ein Denkprozess ein, dass Social Media bzw. die Folgen der Social Media Revolution kein kurzfristiger Hype sind und sich damit eventuell noch weitere Unternehmensziele als nur die Kommunikationspolitik umsetzen lassen.

5.2 Beispielmodell: Buchtrailer und Werbung, die als Content funktioniert

Die Interviewfrage „Warum haben Buchtrailer (etwa auf Youtube) durchschnittlich so geringe Clickzahlen?" beantwortete der Branchenberater Leander Wattig schlicht folgendermaßen: „Weil sie schlecht gemacht sind."[49]

Dies deutet darauf hin, dass klassische Trailer, bei denen man die Werbeabsicht merkt, nicht mehr funktionieren: Die User interessieren sich nicht für sie. Das schon ältere Stichwort „Viral Videos" bezeichnet Online-Videos, die wegen ihres unterhaltsamen Charakters geteilt werden, und um sich mit Freunden, Bekannten oder Kollegen darüber zu unterhalten.

Gerade virale Videos mit Werbecharakter haben dabei einen schweren Stand, wenn sie nicht besonders unterhaltsam und gesprächsanregend wirken. Beim *Viral Video Award 2011*[50] etwa waren nur wenige kommerzielle

---

[46]Vgl. Akademie des Deutschen Buchhandels (2011).
[47]Ebd.
[48]Vgl. Wattig u. Raimann (2011).
[49]Vgl. Interview mit Leander Wattig (2012). Folgende Verweise auf Aussagen Leander Wattigs sind, sofern nicht anders gekennzeichnet, ebenfalls diesem Interview entnommen.
[50]S. Viral Video Award 2011/2012 (2011).

Einsendungen beteiligt bzw. unter den Preisträgern – sofern man karitative Projekte wie die Aidshilfe und Greenpeace als nicht-kommerziell gelten lässt. Gerade die Videos dieser NGOs zeigen, dass sich der Werbecharakter einer Botschaft durch ein gut gemachtes Video nutzergerecht verpacken und vertreiben lässt. Der beim *Viral Video Award* nominierte Werbetrailer zum Videospiel „Dead Space 2" etwa erreichte bei YouTube zum 11.01.2012 über 650.000 Zugriffe.

In der Buchbranche ist man von solchen Zahlen weit entfernt – wie auch Leander Wattig mit der oben zitierten Aussage bestätigte. Sehr häufig handelt es sich um „atmosphärische" Trailer ohne eigentlichen Unterhaltungswert. Die Branchenpresse empfiehlt ein solches Vorgehen[51], wobei fraglich bleibt, wo der Mehrwert für den Nutzer liegt, wenn das Video nicht lustig oder unterhaltsam wirkt.

Ein Beispiel für einen mit zum 11.01.2012 über 21.000 Zugriffen relativ erfolgreichen Buchtrailer stellt jener zu Michael Mittermeiers Buch „Achtung Baby!"[52] dar. Mangels einer tieferen Analyse der Wirkungsweisen viraler Videos kann nur vermutet werden, dass dies einerseits an der Prominenz des Autors durch andere Medien, aber auch am unterhaltsamen Charakter des Videos liegt.

Eine nähere Beschäftigung mit der Nutzermotivation zum Teilen von Inhalten, etwa auch Videos, findet in Kapitel 5.4.3 statt.

5.3 Beispielmodell: ARG-Einbettung in Kampagne und Produkt

Alternate Reality Games wurden vorgestellt als ein Modell, ein Produkt zu bewerben, indem Spieler (und damit potenzielle Multiplikatoren und auch Konsumenten) in die Handlung einer fiktiven Geschichte eingebunden werden, darin typischerweise Rätsel lösen und sowohl online wie offline Teil dieser Geschichte werden. Es handelt sich also um ein Instrument, eine Geschichte mit Hilfe mehrerer medialer Kanäle zu erzählen und den Einfluss der Geschichte und des Erlebnisses der Teilnehmer für Marketing nutzbar zu machen.

---

[51]S. Buchtrailer konzipieren und produzieren (2010).
[52]Michael Mittermeier »Achtung Baby!« Buchtrailer (2010).

Im Folgenden geht es einerseits darum, wie dieser transmediale Ansatz zu Werbezwecken genutzt wird, andererseits, wie er in ein Produkt zurückfließen kann und dieses somit aufwertet.

5.3.1 Der Content wird zur besten Werbung

Inwieweit dieses Instrument noch als tatsächlich zum klassischen Marketing zugehörig betrachtet werden kann, ist durchaus strittig. Thomas Zorbach:

> Kann man das, was wir machen, noch als Marketing bezeichnen? [...] Strategisch gesprochen erstellen wir Inhalte, die in der Regel zeitlich und dramaturgisch vor der Veröffentlichung des Buchs liegen und die darauf abzielen, einen Werbeeffekt, ein Interesse, eine Art „Grundrauschen" in Social Media zu erreichen und damit für Neugierde auf den Titel zu sorgen. Damit erfüllen wir ein Marketingkalkül, bedienen uns aber nicht mehr der üblichen Ingredienzien, die Marketing sonst ausmacht.

Die Idee ist also, Inhalte zum Bewerben von Inhalten zu nutzen. Im Interview sagte Leander Wattig: „Gute Werbung ist auch guter Content. Schlechte Werbung wird immer öfter einfach ignoriert." Umgekehrt gilt, dass gute Werbung für Medieninhalte guter Content sein muss, um Verbreitung zu finden und überhaupt wahrgenommen zu werden.

Das Erlebnis, die „Erlebniswelt", die ein ARG bietet bzw. deren Teil ein ARG ist, bewirbt den Inhalt besser und vor allen Dingen nachhaltiger als klassische Werbung. Thomas Zorbach im Interview: „Gerade bei ARGs ist das Erlebnispotenzial so hoch, für viele ist das ein so einmaliges Erlebnis, dass sie Jahre später noch davon berichten."

Dieses einmalige Erlebnis bedeutet natürlich einerseits die Chance einer starken Kundenbindung und damit verbunden einen starken Multiplikatoreffekt; andererseits deutet es auf ein grundsätzliches Bedürfnis der Nutzer hin, die Thomas Zorbach im Interview als „Bastian-Effekt" bezeichnet,

> angelehnt an die „Unendliche Geschichte". Dass man eben so angetan ist, dass man in die Geschichte eintauchen kann und richtig traurig ist, wenn man die letzte Seite gelesen hat und zurück muss in diese blöde Realität. Bei Transmedia Storytelling habe ich die Möglichkeit, mit anderen Medien weiterhin in dieser Welt zu existieren. Hier liegt, als Zukunftsszenario, die Möglichkeit, Geschichten künftig noch anders zu erzählen und zu vertreiben.

Transmediale Elemente wie ARGs bieten folglich auch eine neue Möglichkeit der Produktgestaltung, sofern man die Gesamtheit einer Erlebniswelt als Produkt versteht.

5.3.2 Die Werbung generiert Content

Laut Leander Wattig ist „[d]ie Unterscheidung von Werbung und Inhalt [...] zunehmend eine künstliche". Nur folgerichtig ist, dass dann auch Werbeinhalte in das zurückfließen, was den klassischen Inhalt (und das zu verkaufende Produkt) darstellt.

Das Unternehmen vm-people führte im Jahr 2011 ein Alternate Reality Game für den Roman „Cagot" von Tom Knox (Hoffmann und Campe Verlag) durch, im Rahmen dessen etwa einige Videos und Dokumente entstanden, die den Erzählkosmos des Buchs ausbauen. Diese wurden nach Abschluss des ARG zur Produktion eines Enhanced eBooks herangezogen:

> Die für das ARG produzierten Inhalte wurden parallel zur Produktion eines Enhanced E-Books genutzt. Neben vielen Informationen, die den Betrachter zur Recherche zum Stoff animieren, enthält dieses E-Book auch Inhalte, die die rätselhafte Geschichte der Cagot weiterspinnen: z.B. einen 80-minütigen Dokumentarfilm sowie ein mittelalterliches Tagebuch, beides Inhalte des Alternate Reality Games.[53]

Dies weist auf eine mögliche künftige Entwicklung hin: Medien konvergieren, indem sie die technischen Möglichkeiten etwa mobiler Endgeräte nutzen und sich der schon heute virtuell dominierten Lebenswelt der Nutzer anpassen. Gleichzeitig werden diese Nutzer zu Content-Produzenten[54] (bzw. zu Co-Autoren, wie Thomas Zorbach im Interview betont), die die Erlebniswelt, in deren Zentrum ein Medienprodukt steht, anreichern und vorantreiben.

Dies könnte ein weiteres starkes Mittel der Kundenbindung darstellen: Einerseits erlaubt das Enhanced eBook wiederum, länger in der Erlebniswelt einer Geschichte zu verweilen, dabei Neues zu entdecken und die Geschichte aus einer anderen Perspektive zu erleben. Andererseits fühlen sich Fans sicherlich einem fiktiven Erzählkosmos stärker verpflichtet, in welchem sie selbst einen (kleinen oder großen) Teil mitgestaltet haben.

---

[53]Unberührbar: ARG zu »Cagot« (2010).
[54]Vgl. Kapitel 5.4.

Gerade diese Nutzer eignen sich hervorragend als Multiplikatoren, haben sie ihr Engagement und ihre Verbundenheit doch bereits unter Beweis gestellt. So ist denn laut Thomas Zorbach bei der Auswahl von Teilnehmern für ARGs relevant, wie wahrscheinlich ein potenzieller Teilnehmer in dieser Art mitwirken kann: „Wir versprechen uns bei diesem viralen Marketing natürlich einen Multiplikationseffekt. Wer da aktiv ist, ist natürlich erst einmal wichtiger."

5.4 Beispielmodell: User Generated Content

User Generated Content bezeichnet, wie oben in Kapitel 4.1 ausgeführt, alle Arten von Inhalten, die von Personen erstellt werden, denen traditionell eine rezeptiv-konsumierende Rolle zugesprochen wird. Dabei wird nicht grundsätzlich unterschieden, um welche Inhalte es sich handelt.

Nur kurz soll auf den Bereich Fan-Fiction eingegangen werden, da dieser Komplex bereits bei der Besprechung von ARGs in Kapitel 5.3 behandelt wurde. Stärkeres Augenmerk wird auf digitale Mundpropaganda und deren Nutzbarmachung für Unternehmensmarketing gelegt.

5.4.1 Fan-Fiction als nutzergenerierte Unterhaltungsinhalte

Der auch für den Begriff Transmedia Storytelling verantwortliche Professor für Kommunikation Henry Jenkins schrieb 2001 zum Phänomen Fan-Fiction:

> Too often, fan appropriation and transformation of media content gets marginalized or exoticised, treated as something that people do when they have too much time on their hands. The assumption seems to be made that anyone who would invest so much creative and emotional energy into the products of mass culture must surely have something wrong with them. In this essay, I will take a very different perspective – seeing media fans as active participants within the current media revolution, seeing their cultural products as an important aspect of the digital cinema movement.[55]

Diese Aussage bezieht sich auf das Medium Film, ist aber generell übertragbar auf andere Medien. Jenkins bezieht sich in seinem Essay vorrangig auf Science Fiction-Kosmen und die ihnen zugeordnete Fan-Fiction – hier

---

[55]Jenkins (2001).

liegen ihm zufolge auch die modernen Ursprünge des Phänomens. Er untersucht hier u.a. auch die mit Fan-Fiction einhergehende Dimension der Medienkonvergenz und der partizipativen Kultur:

> Patterns of media consumption have been profoundly altered by a succession of new media technologies which enable average citizens to participate in the archiving, annotation, appropriation, transformation, and recirculation of media content. Participatory culture refers to the new style of consumerism that emerges in this environment. [...] The first and foremost demand consumers make is the right to participate in the creation and distribution of media narratives. Media consumers want to become media producers, while media producers want to maintain their traditional dominance over media content. [...] Fans respond to this situation of an increasingly privatized culture by applying the traditional practices of a folk culture to mass culture, treating film or television as if it offered them raw materials for telling their own stories and resources for forging their own communities.

Dieses hier aufgezeigte Nutzerbedürfnis, mit Inhalten der Unterhaltungsindustrie umzugehen wie mit den klassischen Volksmedien, etwa Märchen und Geschichten, sie nämlich selbst mitgestalten, weitererzählen, verändern und schlicht an ihnen teilhaben zu können, bietet aber nicht nur eine Gefahr für Produzenten, sondern eben auch die Chance, diese Nutzer an sich zu binden: Sie sind offenkundig hochmotiviert – bereit, wie Jenkins im ersten Zitat dieses Abschnitts schreibt, ihre kreative und emotionale Energie in ein Produkt der Massenkultur zu investieren. Dies ist eine ideale Voraussetzung, sie zu Multiplikatoren der eigenen Sache zu machen und auch ihre Produkte zu nutzen.

5.4.2 Beispiele aus der Buchbranche: Rezensionsportale und digitale Multiplikatoren

Die Idee hinter Rezensionsportalen bzw. Rezensionsfunktionen etwa auf den Websites von Amazon ist klar: Endkunden fungieren hier als Content-Lieferanten, die mit ihrer Meinung und Bewertung direkt die Kaufentscheidung anderer Endkunden beeinflussen.

Den Wert dieses Instruments, das Amazon schon seit Jahren mit Erfolg einsetzt, erkennen allmählich auch Unternehmen der Buchbranche: Das Portal LibraryThing[56] etwa, das vor allem für die Organisation von priva-

---

[56]LibraryThing (2012).

ten Bibliotheken genutzt wird, erhält von diversen Verlagen für sein Projekt „LibraryThing Early Reviewers" Rezensionsexemplare, die kostenfrei an Mitglieder abgegeben werden. Diese Mitglieder verpflichten sich im Gegenzug, die Werke zu besprechen.. Die Plattform Lovelybooks[57] wirbt Verlage für Kooperationen explizit mit dem Ausblick auf Rezensionen:

> Also [sic] Verlag können Sie bei LovelyBooks selbst Leserunden starten, Bücher und Autoren vorstellen, Lesermeinungen und Rezensionen einholen und mit den Lesern in direkten Kontakt treten. [...] Wir bieten Ihnen den direkten Kontakt zu Lesern.

Penguin Books verteilte 2011 sein Buch „Gods without Men" kostenfrei an „Meinungsführer im Social Web"[58], um ins Gespräch zu kommen, Kobo bemüht sich, seine Endkundengeräte und deren Software dahingehend zu optimieren, dass Leser sehr leicht Inhalte öffentlich teilen und kommentieren können[59], und die Audible bietet freie Hörbuch-Downloads für Rezensenten an:

> Rezensionen sind in Zeiten von Social Media und User Generated Content das Zauberwort: Wer in Blogs oder Online-Magazinen über seine Lieblingshörbücher berichtet, sorgt für eine Verbreitung des Literaturmediums Hörbuch – eine Ansicht, die das Downloadportal Audible.de mit einem „Rezensionsprogramm" unterstreicht.[60]

5.4.3 Nutzermotivation

Die Grundfrage ist, was den Nutzer motiviert, seine Zeit, Aufmerksamkeit und Arbeit – im Regelfalle unentgeltlich – zu investieren, um User Generated Content zu erstellen. Hierzu schreibt Florian Jodl:

> Motivation theory differentiates between different kinds of extrinsic motivation: externalyy regulated (e.g., rewards and punishment) and identified regulation (e.g., internalized goals, identity and self-views). All three studies [alle drei im Buch veröffentlichten Studien, Anm. d. A.] showed support for the idea that identified regulation plays an important role in contribution and participative behavior.[61]

---

[57]Lovelybooks (2012).
[58]Gratiskost für Meinungsführer (2011).
[59]Vgl. Digitales Lese-Leben (2011).
[60]Mundpropaganda im Web 2.0: Audible.de bietet seinen Lesern freie Downloads für Rezensionen (2011).
[61]Jodl (2009), S. 188.

Er führt an, dass Altruismus, der Aufbau von Reputation und eines positiven Selbstbilds starke Motivatoren seien, am stärksten jedoch positives Feedback etwa durch Kommentare wirke.[62] Für die extrinsische Motivation mag auch die Gamification-Theorie Erklärungsmodelle anbieten, wie sie etwa Gabe Zichermann und Christopher Cunningham beschreiben.[63] Für eine nähere Betrachtung dieser Theorie fehlt hier jedoch der Raum.

5.4.4 Chancen und Risiken für Unternehmen

Die Chancen für Unternehmen sind klar ersichtlich: User Generated Content bietet kostenlose, verwertbare Inhalte, sowohl für Produkte wie auch für Werbung und Marketing.

Fan-Fiction ist kein neues Phänomen – aber transmediale Marketingelemente erlauben einem Unternehmen, die Kontrolle über von Usern generierte Inhalte zu behalten und sie in bestimmte Richtungen zu lenken. Die Fan-Fiction wird von einem unkontrollierbaren Seitenprodukt zu einem zentralen Interesse des Unternehmens.

Analog dazu könnten auch vom Verlag durch Rezensionsexemplare und deren kostenlose Vergabe an Multiplikatoren oder eine bereitgestellte Besprechungsplattform angestoßene Rezensionen eine Möglichkeit sein, die online sichtbare Meinung zum Produkt positiv zu beeinflussen. Rezensenten könnten dem Unternehmen gegenüber positiver voreingestimmt sein. Zudem wäre dem Verlag der Dialog (und damit ein direkter, persönlicher Kontakt) mit dem rezensierenden Kunden möglich, der sich bislang hinter einem Pseudonym auf Amazon oder in einer Community verborgen hält. Meinungen könnten sich auch nach einer erstmalig negativen Rezension verbessern lassen.

Diesen Wirkungen stehen jedoch Vorbehalte gegenüber. Zum einen ist das Thema User Generated Content rechtlich noch kaum geklärt, wie auch Thomas Zorbach im Interview schilderte, als er meinte, User Generated Content führe „zu interessanten Fragen, [...] etwa, wie es rechtlich aussieht, wenn es um eine Promotion geht, oder wenn Inhalte, die von Nutzern stammen, für ein eBook verwendet werden sollen, wie es bei ‚Cagot' für Hoffmann und Campe der Fall war."

---

[62]Ebd.
[63]Cunningham u. Zichermann (2011).

Bereits im Vorwort seines Buchs „User Generated Content: Urheberrechtliche Zulässigkeit nutzergenerierter Medieninhalte" schreibt Christian Bauer, dass der Begriff „User Generated Content" bei Juristen sofort „haftungsrechtliche Assoziationen" wecke. Die „prosumierende Bevölkerung" bewege sich häufig in einer juristischen Grauzone und befinde sich in dem Dilemma, permanent (auch unbewusst) Urheberrechte verletzen zu können. Diese Rechtsunsicherheit abzuschaffen ist allerdings nicht allein Sache des Gesetzgebers – auch Verlage können ihr durch entsprechende klare Richtlinien für Autoren und potenzielle contentproduzierende Nutzer entgegenwirken, wie das etwa der Rollenspielverlag Ulisses versucht hat.[64]

Weiterhin sorgen gerade bei Verlagen Vorbehalte dafür, dass User Generated Content als Marketing- und Geschäftsmodell keine Anwendung findet, wie Thomas Zorbach aus der Praxis berichtet:

> Bei einem ARG ist die Partizipation der Leute sehr, sehr hoch, eine eingeforderte Partizipation, was dazu führt, dass ihre Menge nicht so groß ist, wie die derjenigen, die man mit einer Anzeige erreicht. Das sorgt bei den Verlagen für Bauchschmerzen. Die Argumentation ist dann so: Wenn ich eine Anzeige in der „Brigitte" schalte, wird sie von fünfhunderttausend Leuten gelesen, während bei einem ARG nur 500 Leute aktiv mitmachen. Das ist erstmal natürlich nicht falsch, verkennt aber die Wirkungsmechanismen von Social Media, die wir den Leuten dann näher bringen müssen: Auch wenn nur 500 Leute mitmachen, können sich die Werbebotschaften über deren Kanäle schnell aufaddieren und es kann eine große Kontaktzahl herauskommen.

Zu Recht für Besorgnis bei Verlagen sorgt die Tatsache, dass sich – häufig unter einem Pseudonym – jeder mit noch so unsachlicher Kritik und falschen Behauptungen in Rezensionen gegen eine Publikation wenden kann:

> Nach einer Flut negativer Kundenrezensionen seiner Bücher auf Amazon.de warf der Rockbuch-Verlag dem Versandriesen im Februar 2006 vor, auf seinen Seiten werde in „extrem geschäftsschädigender Weise Rufmord betrieben". Und Rockbuch sieht sich in bester Gesellschaft: Econ, einer der führenden Sachbuchverlage, erlitt ähnliche Angriffe. Nachdem sein Autor Boris Reitschuster in Amazon-Rezensionen für sein kritisches Buch „Putins Demokratur" unter anderem als „Teufelsanbeter" beschimpft worden war, schaltete der Verlag einen Anwalt ein. Der Versandhändler sperrte die schärfste Kritik.[65]

---

[64]Vgl. das im Kapitel 4.2.3 angesprochene Beispiel.
[65]Hock u. Hoh (2007).

Derartige Negativkommentare sind jedoch kaum zu verhindern, solange keine effektive und umfassende Zensurinfrastruktur für das World Wide Web aufgebaut ist. Ein juristisches Vorgehen gegen Nutzer und ihre Meinungen könnte den beteiligten Unternehmen im Gegenzug erhebliche Negativpropaganda (etwa Zensurvorwürfe) einbringen und zum Streisand-Effekt[66] führen. Aktives Kundenmanagement oder das simple Aussitzen eines Shitstorms sind vermutlich zu bevorzugen.

5.5 Zusammenfassung

Grundsätzlich handelt es sich bei User Generated Content um ein Feld, das starke Beachtung durch Unternehmen verdient. Auf die Frage, ob „Nutzer an Produktion (etwa durch Einfluss auf die Produzenten oder selbstständig erstellten Content) und Distribution (etwa durch digitale Mundpropaganda, Empfehlungen und „sharen") von Inhalten beteiligt sein wollen", meinte Leander Wattig im Interview:

> Nicht in jedem Fall, aber in vielen Fällen. Es wird auch künftig beide Nutzergruppen geben, wie sie mit „lean forward" und „lean back" beschrieben werden.

Mit „lean forward" und „lean back" ist gemeint, dass sich ein Teil der Nutzergruppe beim medialen Konsum eher zurücklehnen und passiv konsumieren möchte, der andere Teil aktive Partizipation wünscht.

> The idea behind lean-forward mediums is that people are engaged when they use the Web. They are in scanning mode, actively looking for content – and their attention span is much shorter. People use the Internet with purpose. Articles should be shorter and get to the point sooner, videos should be snippets or separated into clips of only a few minutes long.
>
> Lean-back mediums on the other hand are the times we sit down and veg out watching TV, read a book or flip through a magazine. Our attention span is much longer because these are passive mediums and we are in a consumption mode. This is why most long-form doesn't work on the Web.[67]

Gerade der aktive Nutzer ist für Marketingzwecke naturgemäß interessant und attraktiv, da er als Multiplikator dienen kann und sich einbringt,

---

[66]Koch u. Pfeiffer (2011), S. 238.
[67]Rue (2010).

was etwa auch die Möglichkeiten zur empirischen Sozialforschung eröffnet, es ermöglicht, dem Nutzer zuzuhören. Thomas Zorbach antwortete auf dieselbe Frage:

> Die heutigen Nutzer fordern ein, dabei zu sein, sich nicht mehr nur passiv von Marketingbotschaften berieseln zu lassen. Marketing sollte partizipativ angelegt sein.

Während man also die „lean back"-Konsumenten nicht aus den Augen verlieren darf, ist es für Unternehmen unumgänglich, die aktiven, partizipationsbereiten Nutzer zu mobilisieren und zu unterstützen. Einige Akteure der Branche sind bereits dabei, User Generated Content zu fördern, jedoch längst nicht alle.

6 Ergebnisse im Abgleich mit den vier eingangs aufgestellten Thesen

Die erste These, die den Vorarbeiten dieser Arbeit entstammt, war, dass Nutzer an Produktion und Distribution von Inhalten aktiv partizipieren wollen. Dies konnte für verschiedene Modelle gezeigt werden: Die Nutzer möchten sich bei der Produktion von Content etwa durch Fan-Fiction beteiligen, aber auch aktiv an der Erlebniswelt, die Bücher aufbauen, teilhaben. Dies wird etwa durch Alternate Reality Games ermöglicht.

Weiterhin sind sie daran interessiert, am Marketing mitzuwirken: An der Produktpolitik, indem sie Verlagen oder vertreibenden Plattformen ihre Meinung in Form von Kundenrezensionen mitteilen, aber auch an der Werbung, indem sie sich in ARGs engagieren und als Multiplikatoren auftreten. Ebenfalls belegt werden konnte, dass nur ein Teil der Nutzer Content erstellt, während der größere Teil passiv konsumiert.

Die vorhandene Werbung ist zu großen Teilen langweilig und animiert zu passivem Konsum – auch dieser Aspekt der These konnte bestätigt werden. Sie ist damit nicht mehr zeitgemäß. In der Erfolgskontrolle von Werbe- und sonstigen Marketingmaßnahmen bleibt das Potenzial eines direkten Dialogs mit dem Kunden ungenutzt.

Die zweite These lautete, dass Marketingstrategien – insbesondere für ihren Werbeaspekt – unterhaltsamen Content bieten müssen. Es konnte bestätigt werden, dass sich modernes Marketing von klassischem unterscheidet (oder sich auch gar nicht mehr in diesem Sinne als Marketing wahrnimmt).

Unterhaltsamer Content hat sich als stärkstes Mittel erwiesen, um hohe Verbreitung zu erreichen. Die Rolle von Multiplikatoren in diesem Verbreitungsprozess konnte als enorm wichtig belegt werden, ebenso die nachlassende Wirkung klassischer Werbung, die auch als solche auftritt. Es wurde gezeigt, dass virale Inhalte und ihr Ansatz, Werbebotschaften in den Hintergrund und der Mehrwert für den teilenden Nutzer in den Vordergrund zu rücken, funktionieren.

Die Dritte These besagte, dass es sich für Verlage auszahle, Teile ihres Contents kostenfrei zur Verfügung zu stellen und User Generated Content zu fördern, also freigiebiger mit dem umzugehen, was im Zentrum ihres Geschäftsfelds steht. Angesichts der relevanten Rolle, die Multiplikatoren spielen, hat sich erwiesen, dass insbesondere die freiere Abgabe von Rezensionsexemplaren sinnvoll ist und auch schon praktiziert wird.

Der Umgang mit User Generated Content und der damit verbundenen Rechtsunsicherheit – aufgrund von Lizenzfragen auch auf Seiten der Verlage – wurde als Problemfeld aufgezeigt. In nutzergenerierten Inhalten steckt nicht nur eine Forderung der Kunden und „Prosumenten", sondern auch ein gewaltiges Potenzial für Produkte und Werbemaßnahmen der Unternehmen.

Die vierte und letzte These lautete, dass die klassischen Kategorien Werbung und Content nicht mehr klar zu trennen sind. Dies konnte insbesondere anhand des Transmedia Storytelling und des Instruments der ARGs gezeigt werden, da diese sowohl Content als Werbung wie auch den Werbeprozess zur Contentproduktion benutzen.

Die Grenzziehung erscheint immer willkürlicher, insbesondere, wenn das Augenmerk auf funktionierender Werbung liegt, die – wie oben gezeigt – selbst interessanten Content bieten bzw. zu solchem werden muss.

Insgesamt kann also festgehalten werden, dass die Grundannahmen der Arbeit sich für die betrachteten Fälle als korrekt erwiesen haben.

7 Deutung

Die eingangs vorgestellten Thesen konnten weitgehend bestätigt werden, was nicht weiter überrascht, da ihre marketingstrategische Bedeutung in anderen Branchen bereits seit einiger Zeit steigt.

In diesem Abschnitt soll es darum gehen, was aus den Ergebnissen und der Detailbetrachtung der Modelle resultiert. Zunächst wird kurz darauf eingegangen, ob es juristische bzw. gesetzgeberische Implikationen gibt. Im Zentrum stehen aber die strategischen Implikationen für Verlagsunternehmen, gefolgt von einem längeren Ausblick, wo noch akademischer Nachholbedarf und Forschungspotenzial liegt.

7.1 Medienpolitische Implikationen

Wie insbesondere beim Thema User Generated Content festgestellt, besteht erheblicher Nachbesserungsbedarf, was die Rechtssicherheit von mit UGC befassten Unternehmen und Verbrauchern betrifft.

Verlage sind verunsichert, ob sie UGC, der im Rahmen von Marketingaktionen entstand, für Produkte und weitere Kampagnen verwenden dürfen und inwieweit sie damit eventuell selbst den Rahmen der ihnen durch Lizenzen zugesicherten Rechte überspannen.

Nutzer auf der anderen Seite sind verunsichert, ob die von ihnen erstellten Inhalte mit dem Urheberrecht und dem Markenrecht konform sind. Beide Aspekte behindern Innovation, sowohl was die Produktgestaltung wie auch das Marketing anbelangt. Unter Umständen werden auch Nutzer kriminalisiert, die an sich keine kriminellen Motive bei der Produktion von Content hatten.

Rechtssicherheit in diesem Bereich herzustellen ist also eine Aufgabe der Zukunft. Verlage können etwa bei ihren Lizenzgeschäften darauf achten, dass die Lizenzen User Generated Content abdecken, ihren Kunden dies als Richtlinien mitteilen und sich überdies durch Plattformen selbst in den Generierungsprozess einbringen.

Der Gesetzgeber ist – analog zu Phänomenen wie Online-Streaming und Filesharing – gefragt, das Urheberrecht den Anforderungen des digitalen Zeitalters anzupassen. Hier regt sich jedoch in der Branche Unmut, was in manchen Fällen legitim sein mag, in vielen jedoch daran liegt, dass einem nicht mehr durchsetzbaren Rechtsverständnis nachgehangen wird.

Die Aufgabe von externen Dienstleistern der Branche und der Branchenverbände muss sein, hier für Aufklärung über die Möglichkeiten und realistische Risikoabschätzungen zu sorgen.

7.2 Strategische Implikationen

Die Marketingstrategien der Zukunft, insbesondere, was die Produktgestaltung von Verlagen anbelangt, erfordert ein generelles Umdenken. Bislang ist die Branche noch zu sehr auf die Form Buch fixiert (auch wenn diese etwa in digitaler Form als eBook auftritt oder die Produkte mit Videos bewirbt). Thomas Zorbach:

> Wenn man sich irgendwann vom Medium Print lösen kann und seine Kompetenz, Geschichten zu erzählen (die unterstelle ich jetzt mal), beibehält, kann man sich überlegen, als Verlag andere Geschäftsmodelle auf den Markt zu bringen, um das Bedürfnis der Kunden zu befriedigen, in der Welt zu bleiben.

Verlage im Unterhaltungssektor müssen sich darüber bewusst werden, dass sie vor allem mit Erlebniswelten handeln, also mit Erzählkosmen, deren konkrete Formen durchaus andere als die eines gedruckten Textes annehmen können. Die Geschäftsmodelle der Zukunft, was das Erzählen von Geschichten anbelangt, werden mündliche, schriftliche, visuelle, auditive, audiovisuelle, interaktiv-spielerische und vielleicht auch ganz andere mediale Formen vereinen und dem Kunden, Konsumenten, „Erleber" vermitteln müssen. Zorbach weiter:

> Die Industrie, die es als erstes schafft, Konvergenz herzustellen, über ihren Tellerrand zu blicken, wird hier gewinnen. Vielleicht schafft das auch keine Industrie. Die Buchbranche hat hier den Nachteil, dass dort eben Buchmenschen, Papiermenschen sitzen, ohne das herabwürdigen zu wollen. Aber diese Leute sind spezifisch geeicht, man stößt schnell an die medialen Grenzen. Aber es gibt ja erste Experimente in transmedialer Richtung. Und ich kann nur jeden Verlag ermutigen, hier zu experimentieren, auch wenn es nicht sofort in der Kasse klingelt: herauszufinden, was machbar ist, welche Leute man vielleicht noch braucht, ob man etwa Videospezialisten braucht, Leute, die sich mit Games auskennen, und dann zu gucken, welche Produkte, welche Erlebniswelten man anbieten kann.

Das Bedürfnis der Kunden nach solchen integrativen Modellen ist offenkundig gegeben. Das von Thomas Zorbach angesprochene Problem der

Buchbranche ist das schon eingangs festgestellte: Es herrscht ein zu starkes Festhalten an einer starren Form vor, eben der des linearen Fließtextes. Verlage müssen sich eher als cross- oder transmediale Storytelling-Dienstleister verstehen, denn als Unternehmen, die bedrucktes Papier verkaufen. Medienkonvergenz nimmt zu und die Grenzen zwischen den Medienbranchen verschwimmen, wie auch Leander Wattig bestätigt.

Verlage haben außerdem damit zu kämpfen, dass sie in der Kundenbeziehung außen vor gelassen werden: Kunden sind Fans eines Autors oder dessen Schöpfung, während die Verlage nicht in diese Beziehung vordringen. Der mehrfache Verlagswechsel von Walter Moers etwa – erst von Eichborn zu Piper[68], von dort zu Knaus[69] – hat dem Erfolgsphänomen Zamonien, seines fiktiven Kontinents, keinen Abbruch getan, wurde von vielen Fans vermutlich nicht einmal bemerkt.

Auch laut Thomas Zorbach müssen die Verlage, was das „Fanbuilding" betrifft, umdenken. Eine eigene Facebook-Präsenz und eine Website reichen nicht aus, um in der Fan-Beziehung eine relevante Rolle zu spielen, wenn diese nicht eigenen Mehrwert innerhalb einer Erlebniswelt bieten.

Sollte dies nicht gelingen, bleiben die Verlage austauschbare Dienstleister, die in Zeiten des Self-Publishing[70] zudem ersetzbar werden. Hier bieten Autoren, die ihr Fan-Management gerne auslagern möchten, erhebliches Potenzial. Ebenso können junge Autoren für Verlage gewonnen werden, die bereits über einschlägige Präsenz in der Zielgruppe verfügen und somit beim Aufbau einer Fan-Basis helfen können. Dies könnte in Zukunft eine Kerndienstleistung von Verlagen darstellen.

Eine Frage, die (oder der) sich Verlage im Zuge dessen außerdem stellen müssen, ist, wie Nutzermotivation zu schaffen ist. Sie müssen Kunden, Konsumenten und Fans ermutigen, sich zu beteiligen, ihre Meinungen abzugeben und in einen Dialog einzutreten. Aktuell liegen hier ausreichend Defizite vor, dass Fans jeden Dialogkanal aufgreifen, um an der Entwicklung, Werbung und Distribution eines Produkts beteiligt zu sein, aber auch interaktive Kanäle werden auf absehbare Zeit die Aufmerksamkeit

---

[68] Vgl. Grumbach (2009).

[69] Vgl. Hildegunst von Mythenmetz kehrt zurück in die Stadt der Träumenden Bücher (2011).

[70] Der amerikanische Fiction-Autor Joe Konrath etwa verdiente innerhalb der drei Wochen um den Jahreswechsel 2011/12 nach eigenen Angaben (s. Konrath (2012)) 100.000 $US mit eBooks für die Amazon-Plattform Kindle.

der Kunden strapazieren. Bereits jetzt dauerhafte und nachhaltige Netz-werke und Kommunikationsplattformen aufzubauen, kann diese Kontakte künftig sichern und auszubauen erlauben.

7.3 Ausblick

Im Rahmen dieser Arbeit konnte leider nur ein kleiner Ausschnitt dessen aufgezeigt werden, was in der Branche vor sich geht. Daher habe ich mich bewusst für einen umfangreichen Ausblick entschieden, der die prakti-schen und vor allem akademischen (Forschungs-)Möglichkeiten der The-menkomplexe Social Media Marketing und Transmedia Storytelling aufzei-gen soll.

Bereits in Kapitel 2 wurde festgestellt, dass es wenige Publikationen, insbesondere mit direktem Bezug zur Buchbranche, gibt. Hier herrscht Nachholbedarf, etwa in der systematischen Analyse von Instrumenten und Modellen, die diese Arbeit nur rudimentär leisten konnte.

Hierzu müssten diverse sozialempirische Erhebungen angestrengt und dem Bereich Social Media Marketing ein theoretisches Gerüst verliehen werden. Speziell die Frage der Messbarkeit von Marketinginstrumenten wartet auf neue Antworten, die etwa Aspekte von Offline-Wirkungen ein-beziehen. Thomas Zorbach:

> Über Social Media Tracking Tools ist recht gut zu beobachten, was online passiert. Schwerer zu beobachten ist, ist was außerhalb der Social Media geschieht. Und das ist ja auch ein Stück weit unser „Mantra" bei vm-people: Alles endet irgendwann auch im Realen. Die Gespräche, die außerhalb von Facebook und Twitter geführt werden, muss man natürlich auch auf dem Schirm haben. Gerade bei ARGs ist das Erlebnispotenzial so hoch, für viele ist das ein so einmaliges Erlebnis, dass sie Jahre später noch davon berichten. Das kann man natürlich nicht alles tracken.

Weitere Erhebungen, die eventuell auch branchenübergreifend zu reali-sieren wären, umfassen etwa die Nutzermotivation bei der Teilnahme an Online-Aktionen. Jodl hat hierzu spezifisch für den Bereich User Generated Content bereits drei Studien vorgelegt.[71]

Während transmediale Ansätze in der Entertainment-Industrie langsam sich zu etablieren beginnen – auch wenn der Publikums- und Unterhal-tungsmarkt der Buchbranche noch nachhängt –, stellt sich die Frage, ob

---

[71] Jodl (2009).

andere Medienunternehmen (etwa Fachverlage) ebenfalls von dieser Entwicklung profitieren können. Thomas Zorbach will dies im Rahmen eines USA-Aufenthalts zu Forschungszwecken ergründen:

> Generell eignet sich Transmedia Storytelling immer dann, wenn es um Geschichten geht. Also in der Entertainment-Industrie: Film, Buch, Computerspiele, letztlich vielleicht auch Musik. Das steht im Kern, und da endet für mich auch der Stand des mir bekannten Forschungsdiskurses. Eine zentrale Frage für mich in meinem Forschungsjahr wird sein, wie relevant Transmedia Storytelling für Unternehmen und Marketingleute außerhalb der Entertainment-Industrie überhaupt ist.

Wenn man mit dem amerikanischen Professor Brian Sturm annimmt, dass Geschichten lediglich „a way of organizing information"[72] sind, bietet sich an, dieses Potenzial auch für primär nicht-unterhaltende Informationen zu nutzen. Dieser Ansatz fällt zusammen mit den Motivationsinstrumenten der Gamification, die unterstellt, dass (manche) Arbeit effizienter erledigt werden kann, wenn sie gamifiziert, also mit Mechanismen des Game Design verknüpft wird. Hier besteht psychologischer, ökonomischer und kommunikationswissenschaftlicher Forschungsbedarf.

Für die Verlagsbranche interessant – weil potenziell bedrohlich – ist die Frage, inwieweit sich transmediale und sozialmediale Ansätze im Self-Publishing umsetzen lassen. Bislang existieren auf diesem Gebiet lediglich unsystematische Einzelaussagen wie die in Kapitel 7.2 angesprochene Umsatzauskunft und Erklärung derselben von Joe Konrath. Es fehlt eine systematische Betrachtung der Möglichkeiten und der schon jetzt realisierten Modelle. Es ist anzunehmen, dass Social Media Marketing für Produkte des Self-Publishing ähnlich funktioniert wie für das Verlagsgeschäft, dort aber noch mehr Wachstum und Relevanz verspricht.

Die Ergebnisse der *Social Media Survey*[73] deuten schließlich darauf hin, dass insbesondere im Bereich der Fortbildungen – nicht nur innerhalb der Buchbranche – Nachholbedarf besteht, um Kommunikationsverantwortlichen den strategisch geschickten und persönlich unbelastenden Umgang mit Social Media zu vermitteln.

> Durch Social Media hat der Druck im Tagesgeschäft von Kommunikationsverantwortlichen zugenommen. Die Mehrheit empfindet den Zwang, „always

---

[72]Sturm (2010).
[73]Fink u. a. (2011).

on" zu sein, und drei von zehn Befragten sagen, dass die damit verbundene Mehrarbeit nicht zu leisten ist. Dem entsprechend werden der große personelle und finanzielle Aufwand (76 Prozent) und der potenzielle Kontrollverlust (54,9 Prozent) als größte Hindernisse für den Einsatz von Social Media genannt.

Auch wenn sie in ihrer Freizeit viel häufiger Social Media nutzen als die Durchschnittsbevölkerung, bewerten nur 22,8 Prozent der Kommunikationsverantwortlichen ihre Social-Media-Kompetenz als hoch. Weiterbildungsangebote fehlen vor allem auf den Gebieten der Evaluation und der strategischen Planung. [74]

Die individualpsychologischen Wirkungen von Social Media – von RSS-Feeds über Netzwerke wie Twitter und Facebook – harren einer akademischen Analyse, um auch praxisrelevante Schlussfolgerungen zu erlauben, wie Unternehmen mit dem potenziell wachsenden Stress ihrer Mitarbeiter umzugehen haben.

---

[74]Ebd., S. 6.

8 Literatur- und Quellenverzeichnis

8.1 Literatur

[Bernoff u. Li 2009] BERNOFF, Josh; LI, Charlene: *Facebook, YouTube, Xing und Co. Gewinnen mit Social Technologies*. München: Hanser, 2009

[Böcker u. Helm 2003] BÖCKER, Franz; HELM, Roland: *Marketing*. Stuttgart: UTB, 2003

[Jodl 2009] JODL, Florian: *Understanding Participative Consumer Behavior*. München: FGM-Verlag, 2009

[Koch u. Pfeiffer 2011] KOCH, Sebastian; PFEIFFER, Thomas: *Social Media. Wie Sie mit Twitter, Facebook und Co. Ihren Kunden näher kommen*. München: Addison-Wesley, 2011

[Lembke 2011] LEMBKE, Gerald: *Social Media Marketing. Analyse, Strategie, Konzeption, Umsetzung*. Berlin: Cornelsen, 2011

8.2 Quellen

[Akademie des Deutschen Buchhandels 2011] *Akademie des Deutschen Buchhandels.* Website, 2011. – Online verfügbar unter `http://www.buchakademie.de/konferenzen/epublishing/social_media_strategien.php`. Zuletzt besucht am 26.12.2011

[Amazon.com Search Inside 2011] AMAZON.COM SEARCH INSIDE: *Amazon.com Search Inside.* Website, 2011. – Online verfügbar unter `http://www.amazon.com/Search-Inside-Book-Books/b?ie=UTF8&node=10197021`. Zuletzt besucht am 14.12.2011

[Buchtrailer konzipieren und produzieren 2010] *Buchtrailer konzipieren und produzieren.* Website, 2010. – Online verfügbar unter `http://www.boersenblatt.net/393337/template/bb_tpl_checklisten/`. Zuletzt besucht am 11.01.2012

[Cunningham u. Zichermann 2011] CUNNINGHAM, Christopher; ZICHERMANN, Gabe: *Gamification by Design: Implementing Game Mechanics in Web and Mobile Apps.* Sebastopol: O'Reilly Media, 2011

[Digitales Lese-Leben 2011] *Digitales Lese-Leben.* Auf: buchreport.de, 2011. – Online verfügbar unter `http://buchreport.de/nachrichten/online/online_nachricht/datum/0/0/0/digitales-lese-leben.htm`. Zuletzt besucht am 11.01.2012

[Fan-Blog Gotongi 2011] *Fan-Blog Gotongi.* Website, 2011. – Online verfügbar unter `http://gotongi.wordpress.com/`. Zuletzt besucht am 06.12.2011

[Fink u. a. 2011] FINK, Stephan; ZERFASS, Ansgar ; LINKE, Anne: *Social Media Governance 2011 – Kompetenzen, Strukturen und Strategien von Unternehmen, Behörden und Non-Profit-Organisationen für die Online-Kommunikation im Social Web.* Studie der Universität Leipzig und der Fink & Fuchs Public Relations AG., 2011

[Franck 1996] FRANCK, Georg: *Aufmerksamkeit – Die neue Währung. Das Zeitalter der Geldökonomie geht zuende.* Auf: Telepolis, 1996. – Online verfügbar unter `http://www.heise.de/tp/artikel/2/2003/1.html`. Zuletzt besucht am 06.12.2011

[Gratiskost für Meinungsführer 2011] *Gratiskost für Meinungs-führer.* Auf: buchreport.de, 2011. – Online verfügbar unter `http://buchreport.de/nachrichten/online/online_nachricht/ datum/0/0/0/gratiskost-fuer-meinungsfuehrer.htm`. Zuletzt besucht am 11.01.2012

[Grumbach 2009] GRUMBACH, Detlef: *Beziehung mit Konfliktpotential. Das Verhältnis zwischen Autoren und ihren Verlagen.* Auf: dradio.de, 2009. – Online verfügbar unter `http://www.dradio.de/dlf/sendungen/ hintergrundpolitik/934051/`. Zuletzt besucht am 11.01.2012

[Hildegunst von Mythenmetz kehrt zurück in die Stadt der Träumenden Bücher 2011] *Hildegunst von Mythenmetz kehrt zurück in die Stadt der Träu-menden Bücher.* Auf: randomhouse.de, 2011. – Online verfügbar unter `{http://www.randomhouse.de/Buch/Das-Labyrinth-der-Traeumenden -Buecher-Roman/Walter-Moers/e358447.rhd?edi=358447`. Zuletzt besucht am 11.01.2012

[Hock u. Hoh 2007] HOCK, Daniel; HOH, Stefanie: *Mit beschränkter Haftung. Wie Amazon.de mit seinen Kundenrezensionen verfährt - und mit seinen Kritikern.* Auf: literaturkritik.de, 2007. – Online verfügbar unter `http: //jeremyrue.com/2010/05/04/lean-forward-vs-lean-back-media/`. Zuletzt besucht am 11.01.2012

[Illegale Formulierungen zur Abgrenzung von Inhalt und Werbung 2011] *Illegale Formulierungen zur Abgrenzung von Inhalt und Werbung* . Support-Forum für Google AdSense, 2011. – Online verfügbar unter `http://groups.google.com/a/googleproductforums.com/forum/ #!category-topic/adsense-de/stammtisch/vbrqytvy2y4`. Zuletzt besucht am 11.01.2012

[Interview mit Leander Wattig 2012] *Interview mit Leander Wattig.* Interview, 2012. – Anlage 2 dieser Arbeit. Durchgeführt via eMail im Dezember 2011 und Januar 2012 durch Dennis Schmolk

[Interview mit Thomas Zorbach 2011] *Interview mit Thomas Zorbach.* In-terview, 2011. – Anlage 1 dieser Arbeit. Durchgeführt via Skype am 19.12.2011 durch Dennis Schmolk

[Jenkins 2001] JENKINS, Henry: *Quentin Tarantino's Star Wars? Digital Cinema, Media Convergence, and Participatory Culture.* Auf: Massachusetts Institute of Technology online, 2001. – Online verfügbar unter http://web.mit.edu/cms/People/henry3/starwars.html. Zuletzt besucht am 23.12.2011

[Jenkins 2003] JENKINS, Henry: *Transmedia Storytelling. Moving characters from books to films to video games can make them stronger and more compelling.* Auf: technology review online, 2003. – Online verfügbar unter http://www.technologyreview.com/biomedicine/13052/page1/. Zuletzt besucht am 23.12.2011

[Katalog der Universitätsbibliothek Erlangen-Nürnberg 2011] *Katalog der Universitätsbibliothek Erlangen-Nürnberg.* Website, 2011. – Online verfügbar unter http://www.opac.uni-erlangen.de/. Zuletzt besucht am 19.12.2011

[Konrath 2012] KONRATH, Joe: *$100,000.* Weblog, 2012. – Online verfügbar unter http://jakonrath.blogspot.com/2012/01/100000.html. Zuletzt besucht am 11.01.2012

[LibraryThing 2012] *LibraryThing.* Website, 2012. – Online verfügbar unter http://www.librarything.de/. Zuletzt besucht am 11.01.2012

[Lovelybooks 2012] *Lovelybooks.* Website, 2012. – Online verfügbar unter http://www.lovelybooks.de/. Zuletzt besucht am 11.01.2012

[Mast 2003] MAST, Claudia: Journalismus im Internet-Zeitalter: Content-Lieferant oder mehr? In: *Journalist* 2 (2003), S. 2–6. – Online verfügbar unter http://web.archive.org/web/20071011041452/http://www.journalist.de/downloads/pdf/dokumentationen/doku_02_2003.pdf. Zuletzt besucht am 23.12.2011

[Michael Mittermeier »Achtung Baby!« Buchtrailer 2010] *Michael Mittermeier »Achtung Baby!« Buchtrailer.* YouTube-Video, 2010. – Online verfügbar unter http://www.youtube.com/watch?v=YId4ZIDqIQA. Zuletzt besucht am 11.01.2012

[Mundpropaganda im Web 2.0: Audible.de bietet seinen Lesern freie Downloads für Rezensionen 2011] *Mundpropaganda im Web 2.0: Audible.de bietet seinen Lesern freie Downloads für Rezensionen.* Auf: buchmarkt.de, 2011. – Online verfügbar unter `http://www.buchmarkt.de/content/48496-mundpropaganda-im-web-2-0-audible-de-bietet-seinen-lesern-freie-downloads-fuer-rezensionen.htm`. Zuletzt besucht am 11.01.2012

[Nielsen 2006] NIELSEN, Jakob: *Participation Inequality: Encouraging More Users to Contribute.* Auf: Useit.com, 2006. – Online verfügbar unter `http://www.useit.com/alertbox/participation_inequality.html`. Zuletzt besucht am 06.12.2011

[Pfeffer 2011] PFEFFER, Markus: *Freunde und Follower. Warum Buchhändler sich auch im Netz Zeit für ihre Kunden nehmen sollten.* Auf: boersenblatt.net, 2011. – Online verfügbar unter `http://www.boersenblatt.net/417506/`. Zuletzt besucht am 26.12.2011

[Programm der Frankfurter Buchmesse 2011] *Programm der Frankfurter Buchmesse 2011.* Website, 2011. – Online verfügbar unter `http://de.book-fair.com/fbf/programme/calendar_of_events/resultlist.aspx?PageRequestId=01844962-62c0-4f63-a27e-7a837d07fe1a`. Zuletzt besucht am 27.12.2011

[Programm der Konferenz Frankfurt Sparks Storydrive 2011] *Programm der Konferenz Frankfurt Sparks Storydrive.* Website, 2011. – Online verfügbar unter `http://ww2.buchmesse.de/de/sparks/storydrive.html`. Zuletzt besucht am 27.12.2011

[Reale Freunde online 2010] *Reale Freunde online.* Auf: ECIN.de: Fachmagazin für E-Business, IT und Marketing, 2010. – Online verfügbar unter `http://www.ecin.de/news/2010/08/18/14790/`. Zuletzt besucht am 06.12.2011

[Rue 2010] RUE, Jeremy: *Lean-forward vs. lean-back media.* Website, 2010. – Online verfügbar unter `http://jeremyrue.com/2010/05/04/lean-forward-vs-lean-back-media/`. Zuletzt besucht am 11.01.2012

[Sturm 2010] STURM, Brian: *Storytelling Theory and Practice*. Online-Video, 2010. – Online verfügbar unter http://www.virtualprofessors.com/ storytelling-theory-and-practice. Zuletzt besucht am 11.01.2012

[Unberührbar: ARG zu »Cagot« 2010] *Unberührbar: ARG zu »Cagot«*. Website, 2010. – Online verfügbar unter http://vm-people.de/projekte/ cagot-unberuhrbar/. Zuletzt besucht am 11.01.2012

[University of Maryland 2009] UNIVERSITY OF MARYLAND: *Prosumer Studies Working Group*. Website, 2009-2011. – Online verfügbar unter http:// www.bsos.umd.edu/socy/prosumer/. Zuletzt besucht am 21.12.2011

[Viral Video Award 2011/2012 2011] *Viral Video Award 2011/2012*. Website, 2011. – Online verfügbar unter http://www.viralvideoaward.com/. Zuletzt besucht am 11.01.2012

[Wattig 2006] WATTIG, Leander: *Leander Wattig. Marketing im Social Web*. Weblog, 2006-2012. – Online verfügbar unter http://www.leanderwattig. de/. Zuletzt besucht am 19.12.2011

[Wattig u. Raimann 2011] WATTIG, Leander; RAIMANN, Carsten: *Von den anderen lernen*. Interview auf boersenblatt.net, 2011. – Online verfügbar unter http://www.boersenblatt.net/433534/. Zuletzt besucht am 26.12.2011

[Weiss 2011] WEISS, Marcel: *Remixkultur ist die neue Prohibition*. Auf: neunetz.com. Wirtschaft und Gesellschaft im digitalen Zeitalter, 2011. – Online verfügbar unter http://www.neunetz.com/2011/ 12/12/remixkultur-ist-die-neue-prohibition/. Zuletzt besucht am 14.12.2011

[What is an ARG? 2008] *What is an ARG?* Auf: ARGology.org, 2008. – Online verfügbar unter http://www.argology.org/_what-is-an-arg/. Zuletzt besucht am 23.12.2011

9 Anhang 1: Interview mit Thomas Zorbach

Thomas Zorbach ist geschäftsführender Gesellschafter der Social Media Agentur vm-people. Das Interview wurde am 19.12.2011 via Skype geführt.

Anmerkung: Ich hatte Thomas Zorbach im Vorfeld bereits eine kurze Stichwort- und Fragesammlung zukommen lassen. Er bezieht sich an mehrfach hierauf.

> **Dennis Schmolk**: Sind Sie mit dem aktuellen Forschungsstand in Sachen Social Media Marketing (insb. in Bezug auf die Buchbranche) vertraut?

Thomas Zorbach: Ich muss diese Frage leider zunächst verneinen, weil ich in den letzten 4-5 Jahren fast ausschließlich Praxis gemacht habe. vm-people war ganz am Anfang einmal ein Forschungsprojekt. Ich habe damals meine Diplomarbeit über virales Marketing geschrieben, und es kam das abenteuerliche Vorhaben auf, daraus ein Agenturmodell zu entwickeln. Das hat dann ja auch irgendwie geklappt, aber darüber ist die Forschung etwas ins Hintertreffen geraten. 2012 ist daher für mich als Forschungsjahr apostrophiert. Ich werde ab Februar kein operatives Geschäft mehr betreiben und in die USA gehen, mich im Umfeld von u.a. Henry Jenkins wieder auf den neuesten Stand bringen.

> **D. S.**: Lassen sich ARGs am besten mit dem Autor umsetzen? Wie eng muss kooperiert werden? Ist es etwa möglich, nur mit einem Verlag zusammen zu arbeiten, der eine Lizenz eingekauft hat oder sind ARGs zu eng an die Inhalte eines Buchs gekoppelt?

T. Z.: Unbedingt notwendig ist der Autor nicht, aber in Diensten des Erzählkosmos, den man schafft, ist es natürlich schöner, ihn dabei zu haben. Sebastian Fitzek etwa ist bei unseren Projekten immer direkt eingebunden. Er hat als einer der ersten Autoren verstanden, was Transmedia Storytelling ist, obwohl er den Begriff selbst gar nicht benutzt. Wir beginnen bei seinen Büchern bereits in der Exposee-Phase, wenn er die Idee des neuen Buchs erst im Kopf hat, uns auszutauschen, was man dazu alles machen könnte – durchaus über das reine Marketing hinaus.

Das war ja auch eine Ihrer Fragen: Kann man das, was wir machen, noch als Marketing bezeichnen?

D. S.: Richtig, denn eigentlich erstellen Sie ja eigenen Content, der nur Marketingfunktionen übernimmt.

T. Z.: Ganz genau. Strategisch gesprochen erstellen wir Inhalte, die in der Regel zeitlich und dramaturgisch vor der Veröffentlichung des Buchs liegen und die darauf abzielen, einen Werbeeffekt, ein Interesse, eine Art „Grundrauschen" in Social Media zu erreichen und damit für Neugierde auf den Titel zu sorgen. Damit erfüllen wir ein Marketingkalkül, bedienen uns aber nicht mehr der üblichen Ingredienzien, die Marketing sonst ausmacht.

D. S.: Sie machen keine Anzeigenwerbung, sondern Unterhaltung. Und ich denke, hier liegt ein allgemeiner Trend: Marketinginstrumente, oder besser Werbeinstrumente, müssen künftig eher dahin tendieren, selbst interessanter Content zu werden, um weiterverbreitet zu werden, die Nutzer zu „packen".

T. Z.: Das kann ich nur unterschreiben. Das hängt auch mit einer Ihrer anderen Fragen zusammen, dass sich das klassische Top-Down-Verhältnis zwischen Unternehmen und Konsumenten bzgl. Kommunikation, bzgl. etwa Marketingbotschaften, stark verändert hat. Ich suche immer noch nach einem ordentlichen Begriff für den „Konsumenten", der ja keiner mehr ist – es gibt ja etwa den Begriff „Prosument". Den halte ich aber z.B. beim Thema ARG nicht für zutreffend: hier könnte man fast von „Co-Autorenschaft" sprechen. Die Geschichte, die wir aufspannen, wird ja zum Teil von den Leuten mitgestaltet. Das führt dann wieder zu interessanten Fragen, die Sie ja auch angesprochen haben, etwa, wie es rechtlich aussieht, wenn es um eine Promotion geht, oder wenn Inhalte, die von Nutzern stammen, für ein eBook verwendet werden sollen, wie es bei „Cagot" für Hoffmann und Campe der Fall war.

Die Rollen haben sich geändert: Die heutigen Nutzer fordern ein, dabei zu sein, sich nicht mehr nur passiv von Marketingbotschaften berieseln zu lassen. Marketing sollte partizipativ angelegt sein. Bei einem ARG ist die Partizipation der Leute sehr, sehr hoch, eine eingeforderte Partizipation, was dazu führt, dass ihre Menge nicht so groß ist, wie die derjenigen, die man mit einer Anzeige erreicht. Das sorgt bei den Verlagen für Bauchschmerzen. Die Argumentation ist dann so: Wenn ich eine Anzeige in der „Brigitte" schalte, wird sie von fünfhunderttausend Leuten gelesen, während bei einem ARG nur 500 Leute aktiv mitmachen. Das ist erstmal natürlich nicht falsch, verkennt aber die Wirkungsmechanismen von Social Media, die wir den Leuten dann näher bringen müssen: Auch wenn nur 500 Leute mitmachen, können sich die Werbebotschaften über deren Kanäle schnell aufaddieren und es kann eine große Kontaktzahl herauskommen.

D. S.: Diese Kontaktzahlen sind aber aufgrund der Netzwerk-Effekte schwer messbar, oder?

T. Z.: Über Social Media Tracking Tools ist recht gut zu beobachten, was online passiert. Schwerer zu beobachten ist, ist was außerhalb der Social Media geschieht. Und das ist ja auch ein Stück weit unser „Mantra" bei vm-people: Alles endet irgendwann auch im Realen. Die Gespräche, die außerhalb von Facebook und Twitter geführt werden, muss man natürlich auch auf dem Schirm haben. Gerade bei ARGs ist das Erlebnispotenzial so hoch, für viele ist das ein so einmaliges Erlebnis, dass sie Jahre später noch davon berichten. Das kann man natürlich nicht alles tracken.

D. S.: Eine Frage zu Ihrem Ablauf: Auf Ihrer Website folge-dem-kaninchen.de kann man sich ja bewerben, um an ARGs teilzunehmen. Wählen Sie aus dieser Datenbank Leute mehrfach aus, um mitzumachen?

T. Z.: Wie wir dabei vorgehen: Die Website folge-dem-kaninchen.de gibt es noch nicht sehr lange, sie entstand im letzten Jahr in Zusammenhang mit dem Projekt „Die Zeit wird knapp", dem ARG zu „Numbers". Wir haben uns gefragt: Wie machen wir das mit Jugendlichen? Vorher haben wir Leuten ohne Registrierung Sachen „kredenzt", und bei Erwachsenen war das auch kein Problem. Wir haben uns dann aber überlegt, dass wir das bei Jugendlichen nicht machen können, am Ende flippen noch die Eltern aus, wenn die Kinder seltsame Dinge per Post bekommen. Wir mussten sicher gehen, dass die Leute zugestimmt hatten, worauf wir uns dann auch hätten berufen können. Das war „die Geburtsstunde des Kaninchens".

Wir haben dann festgestellt, dass das so eigentlich viel besser ist: Jeder kann sich anmelden, nicht nur Jugendliche, und wir haben die Datenbank zur Verfügung. Bei jedem neuen Verlagsprojekt wird die Datenbank neu „gefüttert", weil die Verlage dann auch durch ihre Kanäle ankündigen, hier bald eine größere Geschichte am Start zu haben. So hat sich im Laufe der Zeit die Datenbank gefüllt, und wenn wir – wie aktuell mit dem Rowohlt-Verlag – vor einer neuen „Experience" stehen, sind wir darauf aus, eine Art „gesunde Mischung" hinzubekommen: Leute, die schon einmal dabei waren und Neuzugänge durch die Kanäle des Verlags, die so etwas vielleicht noch nie erlebt haben. Das muss sich ergänzen.

D. S.: Sie erheben bei der Anmeldung ja auch ein paar sozialempirische Daten. Wie fließt das ein? Wählen Sie da eine Mischung aus? Oder nehmen Sie die Leute, die in die Zielgruppe des Produkts passen?

T. Z.: Das ist natürlich das Wichtigste: Wenn jemand sagt, er hat das über Rowohlt erfahren und interessiert sich für Spannungsliteratur, steht das im Vordergrund. Und dann natürlich, ob jemand eine eigene Publikationsplattform betreibt und vielleicht noch bei Social Media aktiv ist. Wir versprechen uns bei diesem viralen Marketing natürlich einen Multiplikationseffekt. Wer da aktiv ist, ist natürlich erst einmal wichtiger.

D. S.: Für welche Inhalte eignet sich denn Transmedia Storytelling als Instrument? Und welche Rolle spielt der Nutzer dabei – was motiviert ihn?

T. Z.: Generell eignet sich Transmedia Storytelling immer dann, wenn es um Geschichten geht. Also in der Entertainment-Industrie: Film, Buch, Computerspiele, letztlich vielleicht auch Musik. Das steht im Kern, und da endet für mich auch der Stand des mir bekannten Forschungsdiskurses. Eine zentrale Frage für mich in meinem Forschungsjahr wird sein, wie relevant Transmedia Storytelling für Unternehmen und Marketingleute außerhalb der Entertainment-Industrie überhaupt ist.
Zum zweiten Teil Ihrer Frage: Sie bezogen sich ja auf den Nutzer.

D. S.: Ja, oder auf den „Kunden" oder wie Sie ihn nennen möchten.

T. Z.: Wir hatten auch schon im Gespräch, ihn den „Erleber" zu nennen, aber wirklich glücklich bin ich damit noch nicht.
Es gibt ja so eine Art „Bastian-Effekt", angelehnt an die „Unendliche Geschichte". Dass man eben so angetan ist, dass man in die Geschichte

eintauchen kann und richtig traurig ist, wenn man die letzte Seite gelesen hat und zurück muss in diese blöde Realität. Bei Transmedia Storytelling habe ich die Möglichkeit, mit anderen Medien weiterhin in dieser Welt zu existieren. Hier liegt, als Zukunftsszenario, die Möglichkeit, Geschichten künftig noch anders zu erzählen und zu vertreiben.

Wenn man sich irgendwann vom Medium Print lösen kann und seine Kompetenz, Geschichten zu erzählen (die unterstelle ich jetzt mal), beibehält, kann man sich überlegen, als Verlag andere Geschäftsmodelle auf den Markt zu bringen, um das Bedürfnis der Kunden zu befriedigen, in der Welt zu bleiben.

D. S.: Es geht also künftig um Erlebniswelten.

T. Z.: Ganz genau. Aber da stehen Buchverlage dann natürlich in Konkurrenz mit allen anderen Entertainment-Unternehmen, die auch auf Geschichten setzen – wiederum Film, Computerspiele etc. Die Industrie, die es als erstes schafft, Konvergenz herzustellen, über ihren Tellerrand zu blicken, wird hier gewinnen. Vielleicht schafft das auch keine Industrie. Die Buchbranche hat hier den Nachteil, dass dort eben Buchmenschen, Papiermenschen sitzen, ohne das herabwürdigen zu wollen. Aber diese Leute sind spezifisch geeicht, man stößt schnell an die medialen Grenzen. Aber es gibt ja erste Experimente in transmedialer Richtung. Und ich kann nur jeden Verlag ermutigen, hier zu experimentieren, auch wenn es nicht sofort in der Kasse klingelt: herauszufinden, was machbar ist, welche Leute man vielleicht noch braucht, ob man etwa Videospezialisten braucht, Leute, die sich mit Games auskennen, und dann zu gucken, welche Produkte, welche Erlebniswelten man anbieten kann.

D. S.: Gibt es das dann vielleicht bald als Berufsbild oder als Unternehmen, als Branche? Den Storyteller, das Storytelling-Unternehmen?

T. Z.: Dahin möchte ich eigentlich vm-people entwickeln, das ist jedenfalls ein mögliches Szenario. Ich habe das Gefühl, das gibt es eine Marktlücke, einen Bedarf. Ich sehe mich mittlerweile auch als Player im Bereich Erlebniswelten: Wir vertreiben zwar keine originären Geschichten, machen aber de facto auch kein eigentliches Marketing mehr. Eine Option im Hinterkopf ist, ob das funktionieren würde, noch andere Bereiche abzudecken.

Ich sehe in jedem Falle eine große Chance für das Berufsbild. In den USA gibt es ja auch schon den „Transmedia Producer", ich glaube, als eingetragene Berufsbezeichnung. Und es wäre nicht das erste Mal, dass etwas aus den USA nach Deutschland „rüberschwappt". Die Verlagsbranche sucht jedenfalls händeringend nach Konzepten – und nicht umsonst haben wir bei dem, was wir machen, eine sehr große Nachfrage, es werden sicherlich noch andere Player auftauchen, und daher denke ich, dass das eine Zukunft hat. Und alles geht immer vom Bedarf des Kunden aus.

> D. S.: Zum Abschluss noch die Frage: Was halten Sie, abgesehen von Ihrem Konzept von Transmedia Storytelling, für tragfähige Marketingmodelle für die Buchbranche?

T. Z.: Was bislang nicht besonders gut funktioniert und wo die Verlage noch umdenken müssen, ist „Fanbuilding". Fast jeder Verlag hat mittlerweile zwar eine eigene Facebook-Seite, aber das Fan-Thema bezieht sich auf die Autoren. Da sehe ich Defizite.
Nehmen wir wieder das Beispiel Sebastian Fitzek: Der ist sehr gut vernetzt und unterhält die Kontakte zu seinen Fans – und der Verlag ist raus.

> D. S.: Ja, und damit bekommt er irgendwann Probleme. Das ist ja ein amerikanischer Trend: Die Autoren weichen dann aufs Self-Publishing aus, weil sie ihre Kontakte ohnehin selbst pflegen, und die Verlage ihnen kaum mehr attraktive Dienstleistungen bieten können.

T. Z.: Oder sie gehen gleich zu Amazon – wie etwa Sebastian Fitzek in den USA. Und hier muss man sich endlich etwas einfallen lassen, auch wenn es Aufwand bedeutet. Im Fall Fitzek funktioniert das jetzt wohl nicht mehr, aber gerade bei neuen Autoren, die ein Verlag bekannt macht, muss dieser zusehen, dass er irgendwo in die Fan-Beziehung hinein kommt.

> D. S.: Er muss sich quasi selbst auch als Storyteller einbinden.

T. Z.: Genau, und als Fan-Beauftragter seiner Autoren. Nicht jeder Autor ist wie Fitzek, der einen Riesenspaß daran hat, es gibt auch eher zurückhaltende Autoren, die man aber natürlich dennoch über Social Media mit Fans vernetzen kann. Und hier liegt die große Chance, die im Augenblick einfach nicht genutzt wird. Das ist ein großer künftiger Anknüpfungspunkt für Verlage: Wie kann ich den Autoren helfen – und damit mir selbst. Wie man Kontakte knüpfen kann – und darauf kommt es ja an bei Social Media. Genau dafür sensibilisiere ich aktuell die Verlage.

10 Anhang 2: Interview mit Leander Wattig

Leander Wattig ist Berater, Blogger und Hochschuldozent. Das Interview wurde im Dezember 2011 und Januar 2012 via eMail durchgeführt.

> **Dennis Schmolk**: Sind Sie mit dem aktuellen Forschungsstand in Sachen Social Media Marketing (insb. in Bezug auf die Buchbranche) vertraut?

Leander Wattig: Da es sich beim so genannten Social Media Marketing um ein verhältnismäßig neues Feld handelt, gibt es dort noch etliche offene Fragen, mit der sich die Forschung noch auseinandersetzen muss.

> **D. S.**: Wie hat sich nach Ihrer Wahrnehmung das Verhältnis von Kunden und Unternehmen durch den Siegeszug sozialer Medien in der Unternehmenskommunikation verändert?

L. W.: Die Kräftverhältnisse haben sich zugunsten der Kunden verschoben.

> **D. S.**: Wie hat sich nach Ihrer Wahrnehmung das Verhältnis von Inhalten und Werbung durch den Siegeszug sozialer Medien in der Unternehmenskommunikation verändert?

L. W.: Die Unterscheidung von Werbung und Inhalt ist zunehmend eine künstliche. Gute Werbung ist auch guter Content. Schlechte Werbung wird immer öfter einfach ignoriert.

> **D. S.**: Welche spezifischen Entwicklungen machen Sie für die Buchbranche aus? Wie unterscheidet sich diese von anderen (Medien-)Branchen?

L. W.: Sie unterscheidet sich von Unternehmen der Medienbranche durch die Art der Produkte. Wir stellen aber fest, dass die Übergänge zwischen den Medienbranchen immer fließender werden.

> **D. S.**: Stimmen Sie der These zu, dass Nutzer an Produktion (etwa durch Einfluss auf die Produzenten oder selbstständig erstellten Content) und Distribution (etwa durch digitale Mundpropaganda, Empfehlungen und „sharen") von Inhalten beteiligt sein wollen?

L. W.: Nicht in jedem Fall, aber in vielen Fällen. Es wird auch künftig beide Nutzergruppen geben, wie sie mit „lean forward" und „lean back" beschrieben werden.

D. S.: Verlässt sich der Nutzer eher auf die Meinungen und Erfahrungen von Personen, die er kennt, als auf Werbebotschaften?

L. W.: Ja, das zeigen die Erfahrungen auf dem Markt.

D. S.: Was macht den Reiz guter Trailer, Spiele, allgemein Kampagnen aus – was wird „geshared" und warum? Welche Werbung ist der beste Content, welcher Content die beste Werbung?

L. W.: Sie müssen einen Nerv der Nutzer treffen. Das ist das alles Entscheidende. Mit hohen Budgets und Druck allein ist das nicht zu machen. Es erfordert eine gute Zielgruppen-Kenntnis.

D. S.: Warum haben Buchtrailer (etwa auf Youtube) durchschnittlich so geringe Clickzahlen?

L. W.: Weil sie schlecht gemacht sind.